绍兴市社会科学院智库丛书

新越商 新精神

绍兴市越商研究会 编著

上海财经大学出版社

图书在版编目(CIP)数据

新越商　新精神/绍兴市越商研究会编著．—上海：上海财经大学出版社，2019.12
(绍兴市社会科学院智库丛书)
ISBN 978-7-5642-3411-9/F·3411

Ⅰ.①新…　Ⅱ.①绍…　Ⅲ.①企业家-企业精神-研究-绍兴
Ⅳ.①F279.275.53

中国版本图书馆 CIP 数据核字(2019)第 260724 号

□ 责任编辑　徐　超
□ 封面设计　贺加贝
□ 责任校对　姚　玮

新越商　新精神

绍兴市越商研究会　编著

上海财经大学出版社出版发行
(上海市中山北路 369 号　邮编 200083)
网　　址：http://www.sufep.com
电子邮箱：webmaster @ sufep.com
全国新华书店经销
上海华业装璜印刷厂印刷装订
2019 年 12 月第 1 版　2019 年 12 月第 1 次印刷

710mm×960mm　1/16　11.5 印张(插页：2)　124 千字
定价：68.00 元

“范蠡商业思想与企业家精神论坛”成果

前言

实现中国梦必须走中国道路、弘扬中国精神、凝聚中国力量。2014 年 11 月 9 日，在亚太经合组织工商领导人峰会上，国家主席习近平指出："市场活力来自于人，特别是来自于企业家，来自于企业家精神。"在 2017 年 4 月 18 日，习主席再次强调："要深度挖掘优秀企业家精神特质和典型案例，弘扬企业家精神，发挥企业家示范作用，造就优秀企业家队伍。"以此为背景，绍兴市越商研究会秉承"总结越商经验，弘扬越商精神，塑造越商形象，促进越商发展"的宗旨，探究越商经营的精髓，传承越文化富含的商业文化基因，通过越商形象塑造，宣扬越商文化精神，向社会传递正能量，帮助企业在当今世界的大变局中，迎接挑战，实现发展。

绍兴有悠久的商业文化传统，越商在民国时期曾经是逐鹿上海滩、控制金融命脉的商帮，特别是改革开放以后，绍兴涌现了一大批事业有成的越商，他们的企业成了行业巨头，其雄厚的实力和可持续发展受到世人的关注。越商奉行低调稳健、实业投资的理念，在新兴产业、全球化浪潮中继续勇立潮头，敢为天下先。我们为了更好地宣传新时代越商典型人物，为中华人民共和国成立70周年华诞献礼，寻找了20位新时代优秀的越商，总结他们成功的企业经营理念，以“新越商　新精神”为名，结集成书出版发行，以供企业和创业者从中学习借鉴，更好推动祖国繁荣富强。

全书共收录了20个越商，每个越商的故事和其背后的精神都有很强的可读性和借鉴性。他们告诉我们，企业家精神的核心就是一种责任，肩负起社会责任，为社会做力所能及的贡献（董利华）；企业家精神是一种责任感和爱，经营好企业不是一种技巧，更多的是对社会的一种责任、对客户的一种关爱（裘丽萍）；企业家精神是一种良心和道德（裘全红）；企业家精神简单一点讲就是一种毅力，认准的事就要干到底（凌渭土）；就是持之以恒的精神（丁立清）；做一件事情，就一定要把它做好（阮木）；是锐意进取（程磊）；企业家要有一种不怕苦的精神（钱森根）；企业家精神就是永不放弃（杨井）；企业家精神除了韧劲，还要“稳”，才有可能笑到最后（张国荣）；是一种扎实，能够踏踏实实做人，认认真真干事（郭莅）；企业家精神其实就是一种敬业和创新精神，做好每一次服务（章红柱）；世上无难事，只怕有心人，用心做事，就能看到希望之光（曹建江）；这是一种工匠精神，欲得其上，必求上上（徐立华）；新时期越商精神关键点在创新，有创新、有合作，才会有未来

（林作溪）；企业家精神是合作精神（曾险）；企业家精神就是诚信，想在市场中立足必须诚实守信（陈乃伟）；以人为本不忘“源流”（王金金）；在前行的道路上，不能少了信心、创新和责任心（陈颖）；企业家精神是知行合一（张亮）。

感谢所有为本书出版做出贡献的老师、记者与编辑。

绍兴市越商研究会执行会长
周鸿勇
2019/10/24

目 录

董利华：我的博物馆里最贵重的藏品叫责任

越商名片：董利华，浙江龙润置业有限公司董事长，浙江东方地质博物馆馆长，嘉兴市绍兴商会会长，教授级高级工程师。曾获全国劳动模范、浙江省援建青川优秀共产党员等荣誉称号。

越商寄语：企业家精神的核心就是一种责任，肩负起社会责任，为社会做力所能及的贡献。

行至浙江省嘉兴市南湖新区，每隔几个路口，都能看到一块路标指示牌，这些路牌指向的目的地，叫“浙江东方地质博物馆”。

国际中港城五楼，就是这个远近闻名的博物馆所在地。平日里，这里是学生们和各地企业家、社会人士钟爱的“地质文化窗口”，他们大多结伴而来，在各个展区前细细打量，时不时轻声讨论。

“有些人好奇这些石头的构成，有些则单纯欣赏色泽，也有一些会对收藏背后的故事感兴趣。”有空便来博物馆里走一走，馆长董利华慢慢养成了一个“小爱好”，他可以根据游客的神情和简单交流，判断出对方来这里参观的目的。“每个人来到这里，都希望有所‘获得’。无论对方想知道什么，我都会做好介绍工作。”董利华略带骄傲地说。

他的这份“底气”，还真不是口说无凭的。

“我想造一个博物馆，填补这一领域的空缺”

今年(2018 年)，是企业家董利华成为浙江东方地质博物馆“馆长”的第 10 个年头。相比“董总”，“董馆长”这个称呼，在 10 年后的今天，依然让董利华感叹：“每听到一次都觉得责任重大”。

2008 年 4 月 22 日，第 39 个“世界地球日”，浙江东方地质博物馆开始面向公众试运营。

董利华觉得开心，因为自己花费的心血终于落地成形了。早前，他曾参观过国家地质博物馆，“觉得很震撼，这样的博物馆太有意义了。”回家后，他通过各种途径搜索关于“地质博物馆”的相关内容，但在浙江，这一领域几乎是片空白。

“那我来建浙江省第一个地质博物馆吧！”

定下目标后，“实干家”董利华开启了漫漫“寻宝路”。他通过多方渠道了解到这些珍贵矿石的所在地，条件允许的情况下，他都亲自前去收购。亲自前往的目的不是谈价格，而是谈感情。董利华说，很多矿石的“原保管者”看重的往往不是商人出的价钱，他们真正在乎的，是你收购的目的和诚意。而董利华有的，就是满满的诚意。“我买这些石头不是为了自己，而是放在我的博物馆里，让更多人近距离观赏到它们，通过参观和学习有所收获，是为社会做贡献的。”这些话，董利华已经记不清自己说过多少次了。

过去，他的努力一直不被外界看好。“很多人认为，你一个搞建筑的门外汉，怎么能开起一家民营地质博物馆呢？”董利华却不这么认为，他坚信自己可以完成这项看起来似乎是不可能完成的任务，“原因很简单，我身上有这份使命。我必须把它做好。”

经过多年的实地踏寻，如今，这个 12 000 平方米的博物馆内，已经开出 12 个厅，容纳 10 000 余件藏品（包括世界上最大的夜明珠），成了长三角地区展馆面积最大、品种最全、藏品最精美的地质博物馆，它揽下 5 项吉尼斯世界纪录和 12 项国内第一，是全国青少年科普基地和浙江省大专院校教育基地，成了嘉兴市乃至浙江省的一张“金名片”。

“博物馆是传播知识的地方，错误不能被容忍”

一份博物馆展览手册，一本《地质矿物知识 100 问》。每一位前来参观的游客，进门都会收到两本材料。对董利华来说，这里面最有分量的部分，是一封亲笔信的复印件。这封信的主人，是北京大学地球与空间科学学院教授钱祥麟。

2008年5月12日上午，到嘉兴探望亲戚的钱教授看到了正在筹备中的浙江东方地质博物馆的广告，“在长三角平原区，能有这么一个介绍地下物质世界的组成、结构和时间演化等自然科学知识的博物馆，真是难得且有必要！”钱教授来了兴致，便来到馆内参观。

“这样的博物馆对提高生态环境的科学知识水平，开阔认知视野很有意义。这类自然科学知识展览在本地区前所未有，很是高兴，谨表谢意。”信里，钱教授首先向董利华表达了敬意与支持，但同时也表示，他写这封信的真正目的，是指出博物馆内几处说明文字中的英文拼写错误，并期待更改。“请及时更正，以免在正式展出时，将错误广传。”

收到信件的董利华十分激动，他立刻拨通了钱教授留下的电话号码，约了时间登门求教。“我记得很清楚，当时钱教授跟我说，他第二天就要回北京了。我着急啊，一个劲地请求教授不能回去，我希望他能帮我再去看看博物馆内的资料说明，有问题我们得马上改正啊！”回想起那段经历，董利华不自觉提高了嗓门。

“小年轻啊，凭你这一份勇气和真心，我一定帮你去看。”“软磨硬泡”下，钱教授最终还是答应了他的请求。

第二天，在浙江东方地质博物馆内，出现了这样一幅画面：在公司主要人员的陪同下，一位老教授半弯着腰，慢慢地移步查看着每一块“石头”，从一个厅走向另一个厅，不放过任何一个角落。在他的前后，各有一台摄像机跟随，这是董利华提前向当地电视台租来的机器。这两只“眼睛”，全程“盯”着教授的一言一行，记录下每一句点评与指正。“用视频记录，是为了后期核对。”董利华说，教授离开后，团队工作人员花了不少工夫，将视频内容整理成文字，再按照教授的指导意见对藏品进行重新归类和翻译，“推倒重来不是一件简单的事情，但要对错误零容忍，我们就需要克服各种困难。”董利华说。

“我办起这个博物馆，是要为大家传播、交流文化的，如果这里本身就出了错误，那后果真是不堪设想。”董利华敬畏“错误”，也愿意直面“错误”，他始终明确，办东方地质博物馆，是他作为一名企业家对综合利用国家资源这一理念的现实表达。这是一个通过正确利用资源来达到科普科教作用的场所，因此，每一个细节，他都在乎。

“作为一位企业家，更需要尽到自己的社会责任”

为什么要办这样一个博物馆?

这个问题，董利华被问过无数次。

“主要还是想为这个城市做点实事吧。”透过办公室的玻璃窗，董利华望了一眼当下的嘉兴城市一角，笑着答道。

初到这座城市时，这位绍兴商人“背”来的是难以想象的压力。2007 年，嘉兴国际中港城的原开发商负责人突然“失去了联系”，留给嘉兴一个巨大的“烂尾楼”。原本只需负责盖楼的建筑商中成建工“担”下了重铸项目的重任，而董利华就是那个接手“烂摊子”的人。

如何在一堆乱麻中理出头绪? 董利华静下心来，定下了一个工作信条——责在利先。此后，在各个项目实施过程中，这个理念一直伴随着他，从未动摇。

度过了那段最艰苦的时光，董利华开始思考自己作为一名企业家的“价值”。“人的成长依托于社会这个平台，这个平台提供给了我们受教育的机会、发展和展示自我的机会，所以，当一个企业有了自我运行空间的时候，我认为，多余的钱应该就回报给这个社会。”于是，商贸综合体与文化理念有了一次“碰撞”，浙江东方地质博物馆，也由此应运而生。

由于不收取任何费用，对于董利华来说，与其说是“办”了一个博物馆，不如说是“捐”了一个博物馆更为贴切。这笔 2.5 亿元的捐赠，相比比尔·盖茨提出的“裸捐”，董利华为自己的这个做法取名为“先捐”。“不用等到我退休，也不用等到我离世。我提前将这笔钱捐出来建这个博物馆，意义岂不是大得多?”董利华曾算过一笔“账”，他用“先捐”的形式在 2008 年开放这个博物馆，比起“裸捐”而言，大约提前了 40 年。“这 40 年中，有多少人能在我的博物馆学习知识，改变命运？这 40 年，说不定对某些个体而言，会产生完全不同的转变。这么一想，我觉得十分有必要做这件事。”他说。

“承担社会责任并不难，只要能够做到饮水思源就行”

对于承担社会责任会不会让企业的利益受损，董利华的回答是否定的。

“先做人、再做事、懂感恩”，这是董利华的人生信条。30 多年来，董利华一直铭记是改革开放的大好政策给了企业发展机遇。感念党恩，回报社会是他多年来践行的社会责任。

2008 年 5 月 12 日，四川发生震惊世界的汶川大地震，董利华响应政府号召，带领员工赶赴灾区搭建临时安置板房。他将个人安危置之度外，6 次进入受灾现场指挥。

“怎么样的房子能够让灾区人民在余震不断中住得安稳放心呢?”董利华不分昼夜地思索。凭借多年扎实的技术与经验，他灵机一动，用钢结构替代传统材料，一种可移动的新的抗震板房诞生了。央视新闻频道曾以《绍兴人，小聪明，大作用》对董利华进行了专题报道，而他的这种板房设计也成为当年汶川板房的样板。

令董利华印象深刻的救灾任务还有 2006 年的桑美台风重创浙南。灾难发生后，董利华立即带领 100 余名工程技术人员和施工人员，自带帐篷、设备、材料奔赴苍南重灾区。

“保质保量地完成建造任务”，这是董利华对政府的承诺，但是在那样一个语言不通、交通困难、物资短缺的地方要按时完成任务是何其困难，董利华肩上是沉甸甸的压力。他买了五部发电机，连夜找到江苏的企业生产活动板房，从晚上 9 点接到抢险任务到第二天早上 6 点，板房材料已经运到了灾区，搭建的过程中，当地讲闽南话的老婆婆看着这一群不休息拼命干的年轻人，都心疼地煮来茶叶蛋，送来了饭菜。当援建任务完成，在董利华的带领下，成为行动最快、组织效率最高、战斗力最强的团队，受到了政府和人民的赞许。

董利华说，他已经习惯了哪里有艰难的任务就到哪里去。这是公司的文化，也是他自己做人的原则，闯在前头的时候他的心是暖的。“绍兴市劳动模范”“浙江省劳动模范”“全国劳动模范”“浙江省援建青川优秀共产党员”……这一个个响亮的称号是对董利华饮水思源，情系桑梓的最好印证。

如今的董利华，肩负着多个称号与头衔：他是浙江龙润置业有限公司董事长，是浙江东方地质博物馆馆长，是嘉兴市绍兴商会会长，是全国劳动模范……但他更喜欢称自己为“中国工匠”，因为工匠精神于他而言，是一盏日渐明晰的灯——“永远不要忘记自己是谁，永远不要忘记回家的路，永远把自己置身于这个社会中，永远对得起身上的责任与使命。”

（采写：徐添城）

凌渭土：认准事干到底

越商名片：凌渭土，浙江绍兴华通商贸集团股份有限公司董事长。

越商寄语：企业家精神简单一点讲就是一种毅力，要做到“勇者”不负年华，而后“野蛮”拼搏，认准的事就要干到底。

“我是喝山沟水长大的。”凌渭土说。

凌渭土是土生土长的农村人，老家在绍兴夏履镇中墅村，这里的人们传承着勤劳苦干、一往无前的基因。被同事笑称为“墩头”的凌渭土，骨子里也流淌着这份朴实的“犟劲儿”。

“认准事，干到底。”谈到越商精神，他说，就这六个字。营业员、业务员、柜组长、主任、总经理、董事长……凌渭土往供销系统一扎就是 42 年。

42 年来，凌渭土和供销系统经历了由兴盛到低迷，再到复苏崛起的风雨历程。这其中，有体制转型的彷徨阵痛，更有壮士断腕、突出重围的满腔热情。

“认准的事就要干到底”

1976 年，凌渭土从部队复员回乡，摆在他面前有两个选择，一是去农业银行，二是去供销社。

凌渭土选择了后者。在物资缺乏的 20 世纪 70 年代，农村没有超市，但是每个村庄都有一个供销合作社，那是村民们独一无二的“购物天堂”。凌渭土告诉记者，当时绍兴有句话，“上到中央，下到渔场，供销社里强强”。“这些，都是人们羡慕的好单位。”他说。

初到供销社，凌渭土被分配到钱清医药商店任会计。临上岗位前，听到从办公室传来的低声哭泣，凌渭土很纳闷。原来，这个岗位有一位将近退休的傅大姐，自己的到来意味着傅大姐便要去站柜台。凌渭土于心不忍，主动请缨到柜台当营业员。这一站，就是三年。三年里，凌渭土一面认真经营一面潜心学习，深入钻研从产品、厂家到医疗机构的整条供应链。看似受了委屈的岗位变动，却为他日后的经营业务奠定了基础。

几年后，钱清供销社组建钱清商场，凌渭土成了第一任商场经理。当时的供销社主任对他总结了三句评价：年年挑重担，年年上台阶，年年做贡献。

这三句话背后的付出可不简单。

早年前一部名为《红色背篓》的黑白电影，讲述了供销社人背着背篓，不畏艰辛翻山越岭为人民群众送去生活物资的故事。凌渭土在这片养育他的土地上，同样用双脚延续着供销人的“背篓精神”。

“那时候物资紧缺，当经理怎么才算有本事？”“能把老百姓需要的商品拉来才叫真本事！”

当时的凌渭土，凭着满腔的干劲儿，奔波于各大城市间，到处解决货源问题。凌渭土自诩是个闲不住的人，爱折腾，爱与人打交道，哪儿有商品货源，就上哪儿去。

“在那样一个物资紧缺的时代，老百姓要的食品、百货、棉布、鞋子，我们这里都有。”凌渭土回忆当时的钱清商场，满满的自豪，“就像是一个巨大的‘百宝箱’，凡是老百姓想得到的东西，都能在这里找到。”几年时间，钱清商场新增柜组 7 个，商场也成了钱清供销社创利第一大户。

“不干，就没有出路”

20 世纪 90 年代，计划经济体制破冰，改革开放的洪流迎面而来。创建于 1950 年的绍兴县供销社，跟全国各地供销系统一样，传统业务受到了市场的剧烈冲击，迎来了前所未有的寒冬。

1998年，凌渭土被提任为县供销社党委书记兼主任。新官上任，摆在凌渭土面前的是一堆头疼的“老大难”问题。

“人人自危。”凌渭土形容那段灰暗时期。上任第一天，几十名职工齐刷刷地围上凌渭土的办公桌，他们不是来搞欢迎仪式的，而是向这位“新掌门”讨要工资。“请给我一些时间，如果你们的工资发不出，我去借钱给你们发。”凌渭土说。

解决员工的工资问题后，用凌渭土的话来说，做的第一件事就是寻找出路。

“不干，就没有出路。”他说。

连续三个月，凌渭土天天深入基层，摸清企业“家底”，虚心“求经问宝”，苦苦探索改革思路与如何“起死回生”的发展方向。

随后，他召集供销系统200余名员工代表举行动员会，这是他开得最长的一次会议。会上，他提出“制止出血点、寻求增长点”；“巩固生产资料、生活资料、农副产品经营‘老三块’业务的同时，发展房地产开发、医药生产与经营、农贸市场与超市‘新三块’业务”……

“当领导就要研究市场，要带着大家在市场中摸爬滚打，闯出一条路来。”凌渭土说这句话可不是没有底气。

1998年，凌渭土独具战略眼光，出资1 650万元购进了当时并不被看好的绍兴市区城南75亩地，为华通房产赢得了“第一桶金”。1999年，华通医药成立，凌渭土相继设立了两家子公司，推动华通医药成为集生产、批发、零售于一体的综合性药企。2002年，凌渭土抓住机遇，成立了全国供销系统第一家专业农贸市场公司。短短几年工夫,“华通医药”“供销超市”“县农资”成了当地耳熟能详的连锁品牌。

在“本级股份化、联社社团化、退出资产基金化”总体思路的指导下,2004 年,绍兴县华通集团(浙江绍兴华通商贸集团前身)正式成立,由浙江省供销社、绍兴县供销社及经营者共同投资组建,凌渭土担任董事长兼总经理。

凌渭土的决心,无外乎就是知难而进。闯出了一条新路,也留住了人。

“苦干、实干,更要巧干”

改革开放之初,凌渭土凭借着“走遍千山万水、说尽千言万语、想尽千方百计、尝遍千辛万苦”的冲劲儿,向供销社交出了一份又一份出色答卷。30 多年过去了,“四千精神”在凌渭土身上,仍然散发着无穷魅力。

“同样是‘四千’,以前是看得到的‘四千’,现在是看不到的‘四千’。苦在探索,苦在摸索。”凌渭土喝了口茶,“如今的企业家,不仅要苦干、实干,更需要巧干。”“以前靠身体,现在靠大脑。”

凌渭土说的巧干,是用心、用脑、用神干事。

“凌董是个愿意接触新事物的人,跟得上形势。有股学习和钻研的热情劲儿,空余时间会看书研究其他行业的专业知识。”与凌渭土共事多年的办公室主任说。

2010 年起,随着产能过剩的尴尬和生态发展的需要,柯桥纺织行业掀起一场以淘汰落后产能、引进先进工艺、转变发展方式为使命的产业革命。“没有夕阳的产业,只有夕阳的产品”,“人的生活离不开纺织，所以它更不应该是夕阳产业，不过我们只有做环保产品，才看得见明天的太阳。”凌渭土一直琢磨着将潜心浇灌的“华通色纺”转型升级。

最初，为开发绿色健康的汉麻产品，凌渭土带领团队投入1 000万元资金，潜心打造华通色纺麾下的高端匠心品牌——“吉麻良丝”。为推进汉麻产业，华通色纺先后建立了两个院士专家工作站，攻克了汉麻现代纺织工艺的种种难题。因为易褪色和易起毛等缺陷，汉麻的产业化不太顺畅。过去十年，华通色纺一直与多家尖端技术科研机构合作，耗资近8 000万元，最终研发出汉麻混纺、汉麻面料印染后整理等技术，大大拓宽了产品销路。

吉麻良丝的汉麻比其他同类的产品拥有更好的抑菌排气性能，已连续多年成为博鳌亚洲论坛和G20杭州峰会的指定服装供应商。“新装修的绍兴饭店，用的就是‘吉麻良丝’墙布，它天然抑菌，还能净化空气。”凌渭土说。

今天，65岁的凌渭土仍然没有松懈下来。“我们运用现代商业精细化管理理念发展供销社，模式虽然跟着形势在转变，但宗旨从未改变。”沧桑留在心底，记忆铭刻肺腑。凌渭土受老一辈供销人的影响很深，他表示，供销社的牌子得保留，还要把它做优、做强。

“这件事儿，还得继续干下去。”凌渭土目光坚定地说。

（采写：王佳）

张国荣：不为一百米的掌声乱了步伐

越商名片：张国荣，中厦建设集团有限公司总经理。

越商寄语：企业家精神就是一种韧劲。经营企业和跑马拉松是一个道理，不要为了一百米、一千米甚至一万米的掌声而打乱节奏。很多人认为企业家精神就是“敢于冒险”，我个人认为“稳”字当头，才有可能笑到最后。

一个沉稳的笑容，冲淡了8月夏日的嘈杂。这是张国荣的笑容，并非浅浅浮出，而是经历风浪和磨砺之后漾出来的样子。他用一种不事张扬的淡定将一切娓娓道来，温声细语，却将故事深刻地沉淀在深邃的目光里。虽然只有3小时的交谈，却不妨碍记者对他作出的评价——果敢中兼有稳健，有一份知识分子的冷静。

作为长跑爱好者的张国荣，在过去一年，参加了18场马拉松。谈及长跑和企业管理的关系，他显得颇有心得。"不能以百米冲刺的速度去跑马拉松，紧盯着短暂成绩和荣誉的选手是无法跑到终点的。企业家同样需要注重长远，能够以稳定的步伐，带领着企业在稳健经营中谋划可持续发展。"

稳扎基层修炼"长跑"内功

见过凌晨1、2、3、4、5点钟的上海，"亲吻"过百米高空的太阳，也险些被十米深的地洞吞噬。张国荣的"修炼"之路，绕不开他在上海的10年。

1999年，张国荣从浙江大学土木工程系毕业，进入了中厦集团上海分公司。"从最基础的工作开始，施工员、技术员、预算员，到后来的行政管理，尝试了所有的工种，也换了很多张工作牌。"提及生产一线的经历，以及和建筑工人们一起穿梭在钢筋水泥间的日子，张国荣记忆犹新，"有一种每天都能喝下四五斤水的干渴，有一股被太阳炙烤的钢板透过鞋底的灼热，还有一份盼着荒芜平地变成拔地高楼的期待。"

10年的一线"修炼"，完成了张国荣最初的行业积累和商业教育,使一个初出茅庐的小年轻,蜕变成一位沉着冷静的领跑者。而这转变,始于一次“生死一线”的经历。

那是一次地下工程加固措施的质量检验,因为受地质条件影响,周边的石块有疑似坍塌的迹象。当时的张国荣心中只想着检验工程质量,并没多加考虑,就毅然爬下近 10 米深的地洞进行作业。他爬上来的时候,脚还未离开,四周的石块就“哗”的一声塌陷了。

“那时候的自己,真的是小年轻的冒进心态,做事不够周详,没有风险管控的意识。”回忆起这“生死一刻”,张国荣至今仍心有余悸。他深深地意识到,“稳”字当头,关乎大局,如同他多年来深耕的事业,每一栋建筑背后所承载的都是关乎生命安全的大事,必不可少的是严谨稳妥的规划。

从地块勘探检测到项目规划,再到建筑施工,张国荣见证了一排排高楼大厦拔地而起,也从中练就了一身扎实的本领。

正如“罗马不是一天建成的”,“真功夫”的形成也需要无数个日夜专注才得以成就。

张国荣不介意花费大量时间和精力专注在每一个细节上。“当时有一个开发项目,设计院设计了一个方案,我觉得设计院给出的桩基成本不太合理,调整没有结果,我就打算亲自来做这个方案。”张国荣这样回忆当时的自己。

当时的他信心满满,通宵钻研整套资料,不断往返于各大高校间,向专业老师咨询。经过近一个月时间的分析和计算,他终于拿出了一套完整的方案,并通过了上海市技术专家委员会的专业鉴定。最终,项目采用了张国荣的分析数据和方案,为公司挽回了将近 5 000 万元的直接损失。这是对他能力的肯定，也是他严谨细致的最好注解。

稳步转型“接棒”父业谋新路

一代人打下了江山，总要有人守，殊不知打江山容易守江山难。

中厦集团最早是 8 个充满干劲的年轻人成立的乡镇建设队，为支援唐山大地震的灾后重建，在大胆地“走出去”中发展壮大。改革开放之初，第一代中厦人凭借“走遍千山万水、说尽千言万语、想尽千方百计、尝遍千辛万苦”的“四千精神”，终于打下属于自己的一片天地。

张国荣作为家族企业的接班人，也是这个时代的接棒者。2010 年，他从上海回到绍兴，担任集团总经理一职。走马上任之时，恰逢全国房地产低迷，公司的历史问题也频频爆发。但回首老一辈的创业经历，一步一脚印，一辛一苦甜。从岳父的手中接过这沉重而发烫的接力棒，张国荣更多了几分理智和沉稳。

事实上，在一代和二代交替的这个当口，有一个不得不正视的矛盾与尴尬：中厦集团“人情网络”的管理以及粗放的经营模式，让老一辈在新时代中的“转型”显得有些吃力。而张国荣，在思维方式上比上一代显得更加理性和严谨。

“老一辈的创业突出一个‘情’字，讲求人情义气。但是人情烙印在某种程度上并不利于现代企业的科学管理和健康发展，历史遗留问题需要解决。”张国荣说，一刀切的翻牌模式是行不通的，最合理的治企方针是“情理结合”，融入现代营销和企业法人治理的理念，平衡人情与管理之间的矛盾。

2014 年，张国荣开始推进企改工作，实行现代企业管理模式，实现了从“人治”到“法治”的转变。

他先从人员组织架构入手，为巩固中厦集团在绍兴骨干建筑企业方阵中的地位，张国荣针对集团层面和分公司人力资源管理存在缺少授权和不愿承担责任的现状，将原先分散在八个管理部门的人力资源管理，集中到一个部门，防止相互间的推诿扯皮。同时，全面推进绩效考核制度，打破了过去吃大锅饭的格局，实现了以业绩论英雄。此外，张国荣还优化了业务流程，突破了传统的粗放型、速度型、数量型的发展模式，让公司的发展趋于平稳健康。

稳健经营越辉煌越要放慢步伐

在建筑工程领域的四十载沉淀与发展，“中厦集团”渐渐成了一种符号。从乡镇修建队成长为拥有总资产 46 亿元，各类技术人员逾千人、年产值 140 余亿元的国家特级资质企业。这一切与张国荣始终坚持“稳中求进”的经营策略不无关联。

由于在外出工时共用一个后勤保障团队，张国荣有幸结识了王石。他对王石所提出的“放慢脚步”很是认同。“越是辉煌期，越是瓶颈期。”张国荣说，“长跑到一定程度时会达到生理极限，这时候就要懂得慢下来，不是比谁跑得快，而是比谁坚持的时间长。”好比企业发展，经营者要注重剖析业务，研究市场、利润以及对投资风险的控制性，才能清晰地了解企业的自身情况和社会经济的发展周期，何时会达到发展极限。

最近几年，张国荣一直有意识地控制规模，降低增幅，把控现金流，淘汰业务中风险性高的部分。他提及经济萧条期，在寒风凛冽的市场环境中，企业首先要活下去，就需要稳得住，量力而行，而不是一味盲目追规模、加杠杆。

近年以来，绍兴的地产价格攀升，前端上游企业迎来大发展。对此，张国荣仍保持稳健的经营策略，“房价涨到一定程度也会有一个逐步稳健的过程，回落的过程对开发商来说就是一种风险，无形中增加了投资的压力，同时也带给生产商风险。”他认可日本家庭小作坊的成功之道，放弃求规模，注重稳健经营，得以生存百年之久。“不要为了一百米、一千米甚至一万米的掌声而打乱节奏。稳字当头，才有可能笑到最后。”张国荣喝了一口茶，眼神坚定。

这些年来，张国荣步伐稳健，在工作与生活之间找总能到平衡点。工作之余，他时常回到学校图书馆，拿起书本，“回炉”修炼，适当的抽离与沉淀，人到中年的张国荣还蛮享受这种恰如其分的小确幸。

3 个小时的交谈很快过去了，在这位新锐越商的身上，没有那么多呐喊与判断，处处都是娓娓道来的谦和与稳重，他轻轻笑着，略带幽默的智慧，就这么潺潺地流淌出来，汇成了江河。

（采写：王佳）

中厦建设集团有限公司简介：

中厦建设集团有限公司创建于1975年，是一家按照现代企业制度组建的国家特级资质建筑企业，形成了以建筑施工为主，房产开发、物业管理、软件研发、针纺服饰、气体光伏为辅的多元化经营格局，公司业务遍及国内各主要省、市，具有境外工程承包经营权。

20世纪70年代末，位于绍兴县若耶溪畔的平水公社，一支草根修建队成立，这就是中厦建设集团的前身。1984年平水公社修建队更名为平水镇修建队，并以“立足绍兴本地，巩固柯桥阵地，开发省外新地”为发展目标，开启了中厦人闯天下的序幕。公司以惊人的施工速度和无可挑剔的施工质量，迅猛发展，先后在沈阳、深圳、温州、上海、武汉等地设立了分公司。

1992年，公司“立足本行、发展房产、开拓外埠市场”，大力涉足房地产开发。绍兴温馨花园、世纪花园、柯桥柯迪花园、广厦公寓、上海金岛大厦、安徽“浙江商贸城”、无为秀水世纪花园等一个个高品质楼盘都成为中厦发展征途上最鲜明的注脚。2006年，公司开发的维多利亚庄园更被录入“全国新世纪人居经典小区”库。

“十二五”中期，国内外经济整体下滑，公司领导班子及时调整规划目标，开启了现代企业制度改革。2016年，公司顺利完成分公司由承包制经营模式转变为公司直营模式，实现分公司负责人职业经理化和财务全面纳入集团管理。“十三五”期间，公司对在建工程开展“以巡检为载体促管理，以管理为抓手促发展”的巡查活动，催生出一批高质量工程，同时积极响应党中央“一带一路”倡议，在前哨阵地乌鲁木齐市建立了稳固的桥头堡，以年施工面积逾55万平方米的速度快速发展。公司还不断强化建筑的“产品”属性，要求每一项工程都要按精品工程打造。经过多年的布局与谋划，2018年，公司全年新签合同额比上一年增长34%，营业额比上一年增长26.8%，市场开拓成效显著。

一直以来，公司恪守“创建精美工程，提供满意服务”的经营方针，重视“中厦建设”品牌塑造，先后创出中国建设工程鲁班奖、中国安装之星奖、中国土木工程詹天佑奖、上海市“白玉兰”、浙江省“钱江杯”、辽宁省“世纪杯”、湖北省“楚天杯”、青海省“江河源杯”、江苏省“扬子杯”、安徽省“黄山杯”、新疆维吾尔自治区“天山杯”等省、市级以上优质工程200多项。公司还荣获中华慈善事业突出贡献奖、中国民营企业500强企业、全国守合同重信用AAA级企业、中国建筑业200强企业、全国优秀施工企业等国家级荣誉十余项，并连续15年入围中国承包商企业80强，“中厦”被认定为浙江省著名商标、浙江省知名商号。

郭莅：独具匠心弄潮商海

越商名片：郭莅，甘肃省绍兴商会会长，甘肃亿盛隆房地产开发有限公司董事长。

越商寄语：在今天这样一个浮躁的时代，企业家精神表现出来的是一种扎实，能够踏踏实实做人，认认真真干事。

他从一个雕塑手艺人，组建小工程队艰苦创业，凭着自己的专业知识，踏实拼命的干劲，诚信的为人之道，搏击商海，发展到如今麾下拥有涉及房地产开发、商贸流通、投资管理等领域的综合性企业。他就是甘肃省绍兴商会会长、甘肃亿盛隆房地产开发有限公司董事长郭莅，可谓是新一代越商的翘楚。

2018 年仲夏的一个午后，我们在诸暨约访了这位拥有非凡创业历程和令人瞩目成就的企业家。身着白色短袖衬衫、黑色西裤的郭莅，英武帅气。谈吐间，眉宇间透着搏击商海而形成的成熟和自信，纵论天下经济的视野和胸怀，让人感受到一个成熟睿智的企业战略家风范。在不断地开拓中前行和发展的人生经历，注定了商海磨砺的传奇。

厚积薄发、丰盈羽翼的蜕变

成功者的历程，总会展现出一种从小到大、由弱变强的艰辛蜕变。超于常人的聪颖、顽强的意志，坚定不移的目标和方向，在经历了千辛万苦和不屈不挠的拼搏之后，成功地造就出辉煌。

郭莅无疑就是这样的成功者，1972 年出生的他从小就对经商有着天然的禀赋和兴趣，在他的身上存在着一种艺术的思维和气质。1989 年中学毕业后，他放弃了继续上学的机会，选择在家乡诸暨学雕塑手艺，并琢磨着如何在雕塑行业上做出大的效益来。功夫不负有心人，3 年后他就开始承接一些大型的雕塑工程。施工的时候，他亲力亲为，同雕塑工人们一道干活，用汗水和心血打造出一个个精品雕塑，赢得了客户的认可和赞誉。

承接雕塑工程，对郭莅来说，这是他人生的一个重要转折点，让他从此走上了经商的道路。

20世纪90年代后期，心思活络的郭莅敏锐地发现，逐渐兴起的建筑行业市场潜力巨大，有很广阔的发展前景。于是，他在承接雕塑工程的过程中，逐步把发展的重心放在了建筑行业上，带着他的建筑施工团队，转战在浙江、上海等地之间，在一幢幢拔地而起的楼群中，延伸着自己的创业之路。同时为了提高自己的知识修养和专业水平，他还抽出业余时间在苏州职业技术学院深造建筑专业。丰盈羽翼，只为翱翔长空。

进入21世纪后，房地产业在我国发展势头迅猛，善于审时度势的郭莅看到了让企业快速崛起的发展商机。于是，他频繁地去一些大城市进行考察调研，为下一步进军房地产开发做着积极的筹谋和规划。谋后而动，蓄势待发。

精益求精，打造城市华宅

“城镇化是大势所趋，为房地产开发提供了千载难逢的发展机遇。”郭莅说，目前中国西部地区的城市化率水平还不是很高，越来越多都市圈、城市群、城市带和中心城市的发展，将为房地产行业带来更广阔的市场。并且，当前西部地区城乡之间、区域之间依然存在的较大发展差距，随着不断加大的医疗卫生、教育文化、社会保障及各种基础设施建设项目实施，房地产行业都将会参与其中并大有作为。

一次偶然的机会，郭莅受朋友之邀前往甘肃临夏考察，孕育着无限潜力和优势的房地产市场，给了他在甘肃发展一番事业的决心。

2012 年，他注册成立甘肃亿盛隆房地产开发有限公司，在临夏斥资 8 亿元，成功打造了亿清家园精品住宅项目。

“我注重的是精品理念，看重居住者所关注的，用脚踏实地的态度，做踏踏实实的建筑，建踏踏实实的品牌，用质量过硬的精品赢得居住者信赖，把亿清家园打造成一个真正意义上的品牌城市华宅。”

为了能打造出让住户满意的精品住宅，郭莅带领着自己的团队，对周边的客户、准业主及地缘性客户，进行了大量的走访，并通过调查问卷的形式，了解和研究居住者对尺度、空间和功能的喜好与要求。通过这些广泛的走访调研，总结并设计出产品，力求在同样的建设面积下，能建造出具有更多的功能、最大的舒适度和利用空间的精品住宅。

“产品是企业生存的根本。房子是家和生活的载体，除建筑本身，还会被寄托精神、性格与情感属性。”郭莅说，如今绿色、环保、节能理念深入人心，简单传统的居住属性已经难以满足人们对住宅品质的需求，人们更迫切期待健康、舒适、安全的生态宜居空间。“在此背景下，我的企业坚持‘匠心品质、贴心服务、人居典范’的发展理念，不断为消费者提供健康、舒适、安全、人性化的住宅空间，这不仅是对‘住房回归居住属性’号召的响应，也是对未来城市发展的一种使命感和对城市美好生活建设的责任意识。”正是在这一理念引领下，让他在风云多变的市场上做出了自己的特色，赢得了消费者的信赖和赞誉。

一路走来，经历了创业的坎坷，凭着绍兴商人长于思考、善于经营、富于机变的性格，以及脚踏实地、勇于开拓、拼搏不息的创业精神，让郭莅从一个雕塑手艺人逐步成长为成熟持重的企业家，成就了自己的一番事业。

在创业过程中，虽然身处商界，但是他却时时关注着国家经济战略层面的变化，随时调整着自己的战略思维。他说："国家'一带一路'倡议的实施和甘肃打造丝绸之路经济带黄金段建设的推进，给我们带来了新的机遇，同时也是一种挑战。"他觉得自己必须对未来的发展方向做出更深层次的思考和探索，也因此而进行了大量的市场考察和调研，为企业转型和未来发展做着积极的规划。

抱团取暖引领越商铸伟业

儒商之道，诚信为主，勤奋辅之，远见卓识助其成伟业。

郭莅在不断发展壮大自己事业的同时，不忘团结带领在甘肃的绍兴人，让越商精神在丝绸之路上再现辉煌。2016 年 10 月 16 日，甘肃省绍兴商会在兰州正式成立，他被推选为商会第一届理事会会长。

"对于背井离乡在外创业的人来说，家乡和家乡人在心底永远是可亲可信的一大慰藉。"他表示，自己与几个同乡发起组建甘肃省绍兴商会，目的是能给绍兴同乡们在甘肃建立一个温馨的"家园"，打造一个朋友圈，一个信息交流、资源共享的平台，通过这个平台把大家联络起来，共叙乡情、抱团取暖，推动在甘越商企业走向更大更远的发展。

在郭莅的带领下，甘肃省绍兴商会在短短两年时间里，加强多层面的联络，拓宽信息渠道，整合各方优势资源，促进交流合作，为促进绍兴和甘肃两地交流合作及经济发展做出了积极的贡献，获得了社会各界的认可和好评。

“运作好一个商会，不仅需要有奉献精神，更需要付出很多的精力和努力，实实在在地为商会的同仁们做好服务工作。”他表示，今后将进一步致力于商会发展，继续引导和带领商会成员做大做强各自的企业，担负起社会责任，积极参与各种社会公益慈善事业，把甘肃省绍兴商会打造成一个有凝聚力、创造力、发展力、责任感的和谐品牌商会，在新时代的丝绸之路经济带建设中，弄潮商海，共谋发展，再创甘肃越商新辉煌。

多年创业的道路上，他以其个人独特的人格魅力，赢得了合作伙伴的信赖和尊崇，发展和成就了自己的事业。在与朋友合作中，他能顾全大局，更多地为别人着想；在与客户合作中，能时时刻刻以维护客户利益为宗旨，坚持诚信经营，赢得了大家的一致好评和称颂。“做事先做人，挺直腰杆正直做人，得到别人的认可，事业才能成功。”他如是说。

郭莅这样总结自己30年的商海历程：“没有什么制胜秘诀，我只是恪守踏踏实实做人，认认真真干事的原则。”

诚然，从他永不屈服的个性和淡定从容的真诚中，从他卓然超群的才华和坦荡无瑕的人格中，从他拼命实干的汗水和一步一个阶梯的奋进中，展现着他的精彩人生。

（采写：金燕翔）

钱淼根：不安现状才能实现未来

越商名片：钱淼根，浙江环发纺织印染有限公司董事长。

越商寄语：企业家精神首先是一种不怕苦的精神，其次才是壮士断腕的勇气和魄力；经营企业最为重要的一点就是做良心，同时，创业成功不能忘记自己肩挑的社会责任。

“我就是从地平线下爬上来的草根。”看似浅显的开场白，却是对钱淼根创业轨迹最好的阐述。眼前的钱淼根，浑身上下洋溢着一种儒雅的气质，可在外人看来，他却是个“不安分”的人。

在下海办企业之前，钱淼根的履历相当丰富：不仅在酒厂做过财务，也在银行当过主任，在这些行业里，钱淼根都颇有建树。但钱淼根并不满足于此，骨子里与生俱来的商业基因，让他开始规划自己的商业版图。

2001年，已是不惑之年的钱淼根突然转身，做出了一个惊人的决定：他毅然辞去令人羡慕的工作，与合伙人在柯北工业园区共同创办起了浙江环发纺织印染有限公司。放着好好的工作不做，偏要去异地从事不熟悉的印染行业，听到这个消息，大家都以为钱淼根疯了。

确实，在全新的行业面前，钱淼根就是一个门外汉，这就意味着他人从零起步时，钱淼根却要从负数起步。但凭借着那股“不安现状”的拼劲，他在陌生的领域闯出一片广阔的天地。

大胆破陈规缔造逆势飞扬

十多年前的“环发”，机制僵化，职工干活积极性不高，大大阻碍了企业的进一步发展。“企业就像是一块尘封的宝石，需要莫大的毅力和决心去雕琢。”为了找到问题的症结所在，钱淼根天天走入车间，向员工们了解情况。

“钱总，老实说，我们干多干少发的奖金差距不大，工作积极性真的不高。”一位技术水平过硬，但吃惯了“大锅饭”的员工向钱淼根说出了心里话。

这一番话，让钱淼根如梦初醒。怎么办？过往成熟的管理经验告诉钱淼根，是时候对旧制度进行改革了！为此，钱淼根思考了好几天，最后通宵拟出了一个全新的竞争机制：岗位靠竞聘，薪酬靠贡献。往后，公司在管理人员和专业技术人员的选拔上，将不论身份重业绩、不唯学历重实力，德才兼备的人均有位可就。

"我希望给员工传递一个价值观念，只要肯努力，待遇就不是问题!"拿着新的管理计划，钱淼根再次来到车间，向大家立下军令状："只要大家用心干好活，咱们月末看结果!"经过全新管理制度的洗礼，短短一个月后，员工之间形成了一种积极的氛围，人人争先、个个向上的局面也让公司焕发出了前所未有的生机与活力。

在钱淼根看来，狮子搏兔，亦用全力，做企业同样如此。钱淼根还对公司的财务、管理等方面做了大刀阔斧的改进和完善。在钱淼根带领下，公司在亏损三个月后就开始盈利，每年的盈利都在千万元以上，产品更是远销美国、法国、意大利等欧美市场。

在"环发"的办公楼内，挂着"员工是企业发展的动力，质量是企业永恒的主题"几行字，这是钱淼根自己的心得体会，也是他悟出的企业之"道"的延伸。

不走寻常路成就行业传奇

鞍马犹未歇，战鼓又催征。在企业取得一定发展之后，钱淼根又将目标瞄向了更远的未来。但与许多企业一味扩张产能有所不同，钱淼根在技术改造方面从不吝啬。

他喜欢挑战，即使是在企业发展稳定的时候，敏感性依然使他不忘未雨绸缪。“做到一定阶段我就会开始考虑未来的事情，很多人只看到风光的表面，却容易忽视表象之下汹涌的暗流。”钱森根说，那时他去过许多印染企业考察，认知一次次被刷新，内心一次次被震撼到，“国外有些印染企业的机器设备比我们国内使用的设备领先好几代，令人大开眼界。”一次，钱森根了解到德国有一种环保型气流染色机，可以解决印染误差和布匹颜色不一致等问题，这让他眼前一亮，恰好，自己的公司就存在这些问题。

“既然要改进，那我们就要用上世界上最领先的设备！”然而在当时，这个新观念对许多业内人士来说，甚至包括公司内部人士都不看好。“虽然开支会加大，但该投入的地方绝对不能节省。”为了证明自己的眼光是正确的，钱森根与公司专业团队开始了多次的试验。

“你们看，气流机与溢流机一比较，每天每台就能少用蒸汽2.4吨，每年以350天计算，12台气流机就可以节约蒸汽10 080吨，相当于节约了195万元费用呢！”几天后，钱森根拿出一组数据，骄傲地站在了质疑者的面前。

壮士断腕，钱森根果断淘汰了公司浴比高、耗能大的23台溢流染色机，并耗资6 000万元引进国际一流的生产设备，组建起了针织印染车间。

钱虽然花得不少，但收获却很大。这次“大换血”，为公司开辟了一个更广阔的新天地。最令人欣喜的是，新设备印染的针织产品不仅透气性极强，布匹的档次也提高了。由此，环发为绍兴印染行业带来了一场从传统溢流机印染到气流机印染的技术革命，钱森根也从此成了赫赫有名的“针织面料化妆师”。

“办企业难免受到条条框框的约束，但我认为，正是这样的约束才倒逼企业建立长远发展规划。”在公司里，钱森根定下了一条不成文的创新规定：废品布等研发成本归厂方负责，第一个客户价格再优惠10%。这样舍得投入的方式，也吸引了越来越多的高端客户。

心系绿色梦挑起社会责任

如果说，“创新精神”为公司提供了灯塔，那么，被誉为“环保达人”的钱森根，早已用自己高度的社会责任感，在“绿色革命”中写下了浓墨重彩的一笔。

提起印染，很多人都会联想到污水满地、废气熏天的场景。而在钱森根的企业里，你却可以找到印染如何与环保并存的答案：看不到地面有污水，更没有废气冲天的景象。钱森根从建厂到现在，追求的是让印染如何“绿”起来。

“什么是污染？改变了原生态气候的就是污染！”在宽大的办公桌后，钱森根目光如炬，自信而直爽，“其实搞纺织印染不可避免要与‘污染’打交道，但我认为，既然印染行业的痛点是高污染、高能耗，我们首先就要更新机器设备，改进工艺。”

每立方米废气颗粒物排放在10毫克以内。这是当时环发公司内大气在线监测随机抽检的结果，远远低于政府部门出台的《印染行业定型机废气排放限值》中废气颗粒物最高排放浓度每立方米不得超过30毫克的要求。在钱森根的要求下，环发成了最早实施“煤改气”工程的印染企业。2012年，公司所有定型机全部用上天然气，同时，还安装了废气二级静电装置。钱森根对环保的投入，换来的是周边大气环境的改善。

那阵子，钱森根天天赶到施工改造现场亲自督阵指挥，从早7点到晚7点，他与员工们一同坚守。当时家人担心钱森根分身乏术，一边有业务需要他去谈，一边还要亲自监督工程，便劝他休息一阵。但都被钱森根拒绝了，“其他事情我都可以推，但涉及环保的改造可是重中之重，不在现场我可不放心！”

进入车间内，一套成形的能源管理制度正在平稳运行。在这里，每个机台上都引进了计量体系，也就是在生产设备上安装水、电、气三表实时记录能源损耗状况，这三表的安装不仅是能源记录的需要，也是考核员工工资标准的重要工具。

钱森根在公司推行的这套计量用能的考核办法，要求员工按照核定的万米用能标准操作，明确节约的水电气煤，按照20%的比例奖励给一线员工，这也极大地调动了节能降耗的积极性。施行该办法的第一年，公司综合节能就达到23%，员工收入也增加了二成。

“以前没有员工会关心企业的节能降耗问题，所以在生产过程中能源的浪费情况很严重，而在这一规定出台后，企业的能耗与员工的工资直接挂钩，这就让员工的节能积极性明显提高了。”钱森根介绍说。

在“环发”的印染车间内，排排坯布整齐排列，偌大的车间秩序井然，机器正发出阵阵轰鸣。“我喜欢这嘈杂声，因为它意味着生产线正处于正常运转状态，这让我感到安心。”这就是钱森根，一个在绿色印染布里染出七彩人生的企业家。

（采写：金汉青）

裘丽萍：我的事业里客户是家人

越商名片：裘丽萍，绍兴唐诗之路酒业有限公司执行董事，泰康人寿保险股份有限公司浙江分公司总监，2016年度、2017年度、2018年度保险名家金奖。

越商寄语：在我的心中，企业家精神是一种责任感和爱，经营好企业不是一种技巧，更多的是对社会的一种责任、对客户的一种关爱。

林泉明月在，诗酒故人同。仗剑走天涯，挎壶觅新句。诗酒人生，怎能让手中的金樽空对着月亮？来来来，满上！满上！古今风流，唯有饮者留其名，一切的一切尽在这杯“唐诗之路”中。

这是裘丽萍为自己的“唐诗之路”黄酒所作的文。

裘丽萍有很多身份，她是绍兴唐诗之路酒业有限公司执行董事，是泰康人寿保险股份有限公司浙江分公司总监，柯桥区女企业家协会理事……这么多身份汇聚成一个名词——“女越商”。

见到裘丽萍的时候，是在她的公司——绍兴唐诗之路酒业有限公司接待室。

及肩的卷发、精致的妆容，裘丽萍气定神闲地坐在茶道桌前，一边泡着茶，一边讲述着她的故事，从一名保险业务员到业务总监，再到企业老板，这位女越商的不同之处在于她的细腻，在于她的专注，在于她的交心。

敬畏生命，她投身保险

有这么一个朝阳行业，国家高度重视，政策上大力支持，前景一片光明，这个行业叫保险；有这么一份职业，为客户送去保障，关怀人的生老病死，是家庭的财务“医生”，这份职业叫保险代理人。17 年前要不是机缘巧合，裘丽萍或许永远不会了解保险的真谛。

2002 年，裘丽萍儿子突然生病，需要支付一大笔医药费。“由于当时保险意识很薄弱，只给他投保了教育保种，并不能报销这笔医药费，所以我想去了解一下保险到底是怎么回事。”说干就干，裘丽萍接触保险这一行业，也正是这一次的“触电”，让她决定去保险业闯一闯。

也许，最初的目的很简单，就是想多省点钱，也许，首次“触电”的效果也很简单，就是想着能多赚点钱。但正是由于这些也许，让她在这个行业看到了一些常人看不到的真谛，然后不断耕耘。

保险与风险，相克相生。相较一般人，保险代理人见识了世间更多的风雨，也经历了更多的世事无常。

让裘丽萍印象深刻的是有个客户张先生，有钱“任性”，对保险满不在乎。他曾放言：拿出 100 万元，什么病都能搞定，还要什么保险？话虽如此，碍于裘丽萍的推荐，他还是交了一份年缴 70 多万元的保单。正是这份保险，日后竟救了他的家人。

张先生是地产商人，应酬多，难免患上“三高”。一次和朋友聚餐，突然栽倒在地，不省人事。送到医院，认定为脑出血，因抢救不及，他不幸离开了人世。

离世后，银行收回了他的别墅，更有一群人涌到家里，要张先生家人父债子还。张先生的妻子为躲债，偷偷带着女儿跑到了外地。那时候，她身上除了保单，一无所有。幸好还有这份“救命保单”，张先生的妻子还掉了债务，让她和女儿可以过上平静的生活，所以张先生的妻子十分感激裘丽萍。

这件事，给初入保险业的裘丽萍很大触动，使她加深对生命价值的理解，对人寿保险的理解也更加深刻：无论你是否有钱，风险面前，生命一样脆弱。只有人寿保险能够早作规划、关键时刻提供“救命钱”。

正是这种敬畏生命的感悟，让裘丽萍更加坚定了投身保险行业的决心，这一干就是 17 年。通过自己的努力，从一名普通的保险销售代理、业务主管，做到今天公司当家人，团队成员超过 700 人。

突破传统，她不断创新

采访中，裘丽萍反复强调一个观点：没有哪一个行业能在固守传统中实现持续发展。她认为自己之所以能取得今天的成就，不仅仅是因为有着一种韧劲，更主要的是能够不囿于传统，敢于走别人没有走过的路。

刚进入保险行业的时候，受到追求“吉利”的文化观念影响，社会公众排斥对未来风险的思考，换句话说，市场对保险还不是很能接受，裘丽萍也受过很多冷眼。但是她从来不会退缩，同时，她也没有刻意地去记住那些不好的回忆。所以她说：“困难是肯定会遇到的，但是，我觉得我还算幸运，客户并没有刁难我。”看着她淡然的神情，相信背后的艰辛和付出的努力可想而知。

信念是要有的，遇到挫折的时候保持积极的心态也是非常必要的，但仅仅做到这两点还是不够的。裘丽萍总结她一路走过来的经验时强调，事业的发展最为主要的还是要能够找到有效的路径，这就需要敢于突破与创新。

“困难面前，我想的是如何让客户理解，如何从客户最需要的角度入手，如何让自己变得更加专业。”裘丽萍说，她总是从自身找原因，她觉得自己需要汲取更为专业的知识来服务客户，所以她一直都在尝试，不断挑战自我。

2002 年到 2008 年，缺乏行业经验的裘丽萍与许许多多从业者一样走的是传统的跑业务方式，靠一种激情在东奔西走，做散客，强推销，没有明确的目标客户分类，事业发展缓慢且不稳定。

2008年，裘丽萍去到诸暨，在与客户的闲聊中，无意中听到客户说绍兴乃至浙江经济之所以能够快速发展，因为有着与其他地区不一样的特点，那就是很多家族式企业成片状、块状化经营，抱团取暖，产业链上实现紧密协作。受之启发，裘丽萍联想到自己的事业要想有所突破，就不能走老路，也要有自己的特点，不能再依靠做数量、强推销。于是，她决定在保险行业实现“块状化”发展，从做散户转型到“圈子营销”；从个人努力到团队化发展。“我先在诸暨组建自己的团队，重新定位自己的目标客户，尝试做家族式保单，效果很好。”

2010到2012，随着房地产行业的快速发展，裘丽萍又一次不走寻常路，主动尝试将保险与特定的行业特征融合，她组建起新的团队，结合房地产行业与目标人群的特点，有针对性地进行行业客户开发。

“两次尝试两次成功让自己尝到的不仅仅是创新带来的利益甜头，更是思维方式的突破。”采访时，裘丽萍这样总结自己创新的收获。于是她决定再来一次根本性的变革，从依靠自己个人、依靠自己的团队，到实现“忘我”，追求一种社会协同与整合。

2012年之后，裘丽萍决定利用社会平台拓展自己的事业，将自己的展业对象集中在商会、协会的那些中小企业家客户们，一来节省了时间，方便了服务，二来可利用“圈子”内的相互影响，促成客户之间的转介绍。常常是，一个理念到位，就带动了周边一大波人。因此，在她领导团队下的“连锁”保单越来越多。

目前，她个人服务的高端客户多达671位，年交500万元以上的客户有110余家。团队也在不断壮大，裘丽萍个人的身份与角色也在不断地转变，从保险业务员、基层管理者、团队领导，到今天的公司掌门人，团队人数超700人，把更多的保险大爱送到千家万户。

在一连串的转型背后，裘丽萍在不断思考，不断提升自我，她发现，自己需要更专业，就需要用知识来充实自己，这样客户才会更加认同。她考取了各种和保险行业相关的证书，国家一级理财规划师、保险规划师、健康财富规划师等。

"我是在用更专业的知识做保险，同时我也总是这样去要求我的团队。"每次的转型都顺应着时代的发展，也让她看到了转型和创新的重要。

不忘初心，她无私奉献

"巾帼不让须眉"是对女企业家最常见的赞扬。面对瞬息万变的市场环境，有不少女企业家凭借个人能力与魅力博得一片天地。裘丽萍就是这其中的一员。

在保险业路上走过17年，从基层业务员到高层管理者，从职业经理人到企业家，公司内、行业内的大奖、荣誉，她早已拿遍。在自身的发展方面，裘丽萍总是在不断地突破自己。

身份在转换，但在其内心深处始终不忘初心，保持奉献精神作为自己行为的不二准则。

2016年，裘丽萍有了自己的公司，起名为"唐诗之路"。"在这之前，有一次跟朋友闲聊中提到了唐诗之路上的诗与酒，虽然没有细聊，但是我就想着可以打造一个‘唐诗之路’的黄酒品牌，以‘诗’文化为载体，沿着古唐诗之路向外发展，推动绍兴黄酒产业跨出地域局限，谋求更大的空间。”正是她通过对市场敏锐的观察，抢占了注册商标的先机。“现在很多人问我来买品牌，我都没同意。”说起这宝贵的品牌商标，裘丽萍骄傲地谈到。

裘丽萍的事业不断拓展，涉及的行业也从单一变成了多元。但是，她始终不曾忘记她事业的起点，不曾忘记经营好企业不是一种技巧，更多的是对社会的一种责任、对客户的一种关爱。

“我的客户成了我的社交圈，变成了朋友。”如今，她总是跟自己团队中的业务员说，不管是保险还是其他产品不是用来“推销”的。

“锦上添花不必有我，雪中送炭使命必达。”这是裘丽萍的座右铭。作为业务总监、企业掌门人，只要一有机会，裘丽萍就会给团队培训，也会在培训中分享自己的经历。“通过分享，希望团队可以有一种理念和信念，大家一起努力变得更好。”

“裘总对客户比对她自己都好。”这是裘丽萍团队对她的评价。

有一天，裘丽萍领着一个腼腆的小姑娘来到公司，在这之前，她告诉团队中的业务员这位小姑娘的基本情况，叮嘱大家一定要好好关心这位小姑娘。

其实，这位姑娘是一位客户的女儿，由于跟父母闹矛盾，已经很久不同父母一起吃饭，整天关在自己房间里，这让父母很着急。于是客户找到了裘丽萍，想让她帮忙劝一劝。“裘总每天带着她上下班，带她去美容，还让她跟着我们一起去跑业务。”一位业务员说。之后，姑娘变得开朗，愿意吐露自己的心事，也理解了父母对自己的关爱。

“我始终认为自己所从事的是一份最具人文关怀的事业，不管我们经营的具体的产品或服务是什么，其本质都是对客户的一份责任和爱心，是让爱更加坚实的力量，让人性传播更远的力量。”在裘丽萍心中，关爱，是她的初心。无论取得多大的成功，身份无论怎样转变，初心不能改变。

如今，她依旧在不断地践行着各种“爱”，她热心公益事业，经常救济贫困家庭、帮护困难学生、捐助养老院老人、为新疆鲁迅小学捐建多媒体教室……

（采写：干婧）

章红柱：用心带你看遍万千风景

越商名片：章红柱，浙江亚都国际旅游有限公司总经理。

越商寄语：企业家精神其实就是一种敬业和创新精神，把游客的每一次旅游都当作我们生命中最重要的一次服务。

脚下踩着的是这世界的万千色彩，心中有着的是对未来的无限期待。在旅游行业沉浮了 20 余年，足迹遍布世界上 65 个国家，在绍兴，浙江亚都国际旅游有限公司总经理章红柱算得上是最了解“旅行的意义”的商人。

在章红柱眼中，每一段旅行，都有自己的风景。这一路走去，美的，是那些自然风光的惊艳馈赠；险的，则是跋涉中的场场“意料之外”。它们交融产生的一篇篇生动乐章，就是旅行者的宝贵收获。

而为了让这份“收获”能够更加精彩与圆满，这些年来，章红柱探索的脚步从未停歇。秉持着“诚实守信”的原则，坚守着“脚踏实地”的初心，满揣着“与时俱进”的勇气……章红柱带领着亚都，从 4 名员工起步，壮大成一个 64 人的“大家庭”。20 年风雨相伴，从 50 万元营业收入提升至 5 000 万元，亚都为游客们带去了无数美好体验。

如今，章红柱与亚都正在书写着中国旅游发展篇章中的有力一笔。

诚——我为客人做最“细”的出行账本

今年(2018 年)6 月，章红柱发起了一个西藏游的组团倡议，产品标价 10 180 元。相比 4 999 元左右的市场行情，章红柱开出的价格，几乎不占任何优势。但是这并没有阻碍这场西藏游的人气。

他的老朋友蔡金泉夫妇俩就在第一时间报了名。“西藏，一直是我们向往的地方。景色美，民风又淳朴，章总的产品一出来，我们就马上和他联系了。"蔡金泉说。他与章红柱相识20多年，从一开始的顾客，到如今的"兄弟"，因为信任，他认准了这个可以一起旅行的朋友。

而这份信任，基于章红柱二十年如一日的诚信。"章总的旅游产品，都有一份详细的价目清单。旅途中的每一笔花销，都清清楚楚列在上面。住的酒店几星级、费用多少，参观的景点有哪些、费用多少，出行方式是什么、费用多少……一张单子，一目了然。"蔡金泉说，相比那些存在欺骗消费者行为的"低价"旅行团，章红柱的"明码标价"更让游客感到安心。"出发前，我就知道每一笔钱都花在哪里，旅行中也不会出现不明不白的花销，与章总同行的每一次旅行，都让人觉得放心。"

不欺骗消费者，不损害消费者的利益。这么多年来，无论旅游行业的大环境如何变化，章红柱的心里始终坚守着这条底线。"这其实很难。"章红柱坦诚说道，"市场竞争越来越激烈，低价游一度很盛行，亚都国旅要在这个环境下谋求发展，需要做的努力并不少。"但是他始终坚持对客人"有一说一"。"我们尽量不做低价游的产品，因为所谓的'低价游'，涉及很多购物内幕，说到底最后受到伤害的还是我们的客人。当然，当有时不得不推出几款'低价'产品来打开市场时，我告诉我的员工，必须把情况提前与游客说清楚，哪里涉及购物，哪里涉及景点补充，都要让他们心中有数。"

可以少赚一些，但不能让游客有被欺骗的感觉。章红柱心里的这杆秤，二十年来始终如一。

实——我想做中国最有“人情味”的国际旅行社

2018 年 12 月 18 日，对章红柱来说，是值得铭记的日子。这一天，浙江亚都国际旅游有限公司迎来了 20 周岁的生日。这意味着，这个在章红柱手中成长起来的“大家庭”即将进入发展的新阶段。

章红柱为此办了一场热热闹闹的“生日宴”，邀请了 1 000 多位亚都的员工、同行和客人们一同庆祝，这其中，不乏一些远道而来的老朋友。曾经的客户成了如今的挚友，由陌生到熟识，从不解到信任，这种关系的转变让章红柱深感幸福。

而幸福是互相的。

在亚都的老顾客看来，章红柱和他的团队带给客人的关爱，是细致且真诚的，他们足够专业，足够踏实。“就像是与家人一起出行，总是能把我们的需求想在前头。”一位与亚都有着近 20 年合作关系的老顾客这样评价道。

章红柱乐于收获这样的顾客反馈，同时，他也十分清楚地认识到，要让客人们体验到最好、最贴心的服务，最关键的一步，是提高员工的综合能力。“我始终告诫自己的员工，要把游客的每一次旅游当成我们生命中最重要的一次服务，我一直认为，当一个陌生人愿意把自己宝贵的时间交付到我们手中时，这份信赖是不容怠慢的。我希望能用真诚、专业、品质和诚信服务好每一位客人。”章红柱说，他认为，导游这个行业是永远不会被替代的，因为人与人之间的交流始终是世上最难也是最有趣的艺术，也正因为如此，他要求员工服务专业，精益求精。

2016年,他组建了一个专业团队,亲自牵头,花了近8个月时间编写了一本《门店新手实战培训手册》,如何推荐合适的产品及线路?如何处理旅行中的争执?门店接待过程中需要处理哪些事项……他将员工可能面对的问题一一列举,并根据实战经验分享有效措施,人手一本分发给新进员工,要求他们从细节做起,从小事学起。“亚都的进步,是一步一个脚印的,我相信只要每个亚都人都做到脚踏实地去服务,我们一定能成为最有人情味的旅行社。”章红柱说。

新——我们永远不能落后于时代

亚都的经营理念,概括起来是八个字:创新、活力、专注、诚信,这八个字被张贴在公司办公室里的醒目位置,始终鞭策着亚都人不断进步。

章红柱毫无疑问地将“创新”放在了首要位置,他坚信:创新,是企业发展的灵魂。

但创新这条路并不是一帆风顺的。过去,他曾试着去做一些有挑战性的项目,也尝试过自己开宾馆来收纳客人,可都没有达到理想中的效果,甚至还一度让亚都停滞不前。慢慢地,他开始明白,所谓创新,不是急于求成,也不是盲目跟风,而是要理清市场需要什么、自己能做什么,从而走出一条具有亚都特色的发展道路。

于是他静下心来,一门心思在提升旅游服务质量上下起功夫。很快,“旅游经纪人”模式应运而生。

“我们亚都历来是做回头客的,在很大程度上,导游是以业务员的形式存在的，我本人就是一个超级业务员。”章红柱认识到，有很多客人是冲着他的名字与口碑来参团的，既然如此，何不打造一个专属于章红柱的品牌呢？

有了这个想法后，章红柱着手打造起自己的小团队。他与几位专业素质过硬的“老搭档”一起配合，运营起一个名叫“柱定美妙”的品牌。“对外，我相当于一个‘明星’，他们相当于是我的‘经纪人’。我将每一个项目的思路与想法传达下去，每一个环节都由这几位专业的‘经纪人’去把关落实，从而把最好的服务带给游客。”章红柱介绍道。

这个模式无疑是适合亚都的。慢慢地，章红柱在公司内部全面铺开了这个“旅游经纪人”概念，每个部门都有“小明星”和“小经纪人”，他们互相合作，为游客们带去了许多亮点十足的旅游产品，进一步打响了亚都的专业品牌。“思路要跟上，不能落后于时代，也不能脱节于现实。”章红柱相信，通过理念的更新与互联网技术的推进，亚都能为游客做的事，将远远超过他们的期待。

站在20年奋斗的路口，章红柱与他的伙伴们感慨着中国旅游业的快速发展，也畅想着对未来的期待。1998年，亚都成立了，彼时年轻又有拼劲的章红柱带领着几位合伙人开启了为旅游事业努力的一生。带着初心，脚踏实地，眼观未来，如今，日益壮大的亚都团队正与章红柱一起，为迎接下一个美好的20年继续前行……

（采写：徐添城）

浙江亚都国际旅游有限公司简介：

浙江亚都国际旅游有限公司（前身是绍兴亚都国际旅游有限公司）成立于1998年，公司以“亚都旅游、完美追求”为奋斗目标，本着“优质服务、顾客至上”的宗旨，在全体员工的共同努力下，先后获得了绍兴县县级青年文明号、绍兴县最佳旅行社、绍兴市优秀旅行社、绍兴市市级青年文明号、绍兴市旅游系统文明示范单位、绍兴市文化旅游优秀接待奖、绍兴市旅行社品牌开发奖、绍兴市最佳旅行社、绍兴市消费者信得过单位、浙江省百强旅行社、浙江省首批四星品质旅行社、浙江省“守合同重信用”单位等荣誉称号。2013年8月，公司荣升为国家旅游局特许经营中国公民出境旅游组团社。

浙江亚都国际旅游有限公司内设财务、行政、地接、操控等四大中心，有13个分部与网点，业务包含出境旅游、入境旅游和国内旅游。公司的出境线路遍布五大洲120多个国家和地区，其中朝鲜、斯里兰卡、韩国、不丹、印度尼西亚等国家均实现了直接采购。入境业务近几年更是突飞猛进，累计接待游客量已经超过100万人次。在旅游主业之外，公司下属还有以研学为主的绍兴匠心教育科技有限公司、以投资理财为主的绍兴鸿金投资合伙企业、以会议会务为主的绍兴佳士德商务会展有限公司、以文化旅游为主的绍兴章氏猴王世家文化旅游发展有限公司等多家企业。

做中国最有人情味的国际旅行社，把游客的每一次旅游都当成我们生命中最重要的一次服务，秉承这个企业理念，成立20年来，以“创新、活力、专注、诚信、追求完美”为宗旨，敢于尝试、敢为人先，以微博、微信等自媒体为平台，以游客体验为标准，以互动交流为基础，把做精做专为己任，企业先后注册了“博酒之旅”“柱定美妙”“七色彩虹之旅”等特定旅游产品商标。

我们深信荣誉属于过去，未来更需努力，只有不断地创新和发展，才能站在行业的最前列。

曹建江：用文化打造特色餐饮

越商名片：曹建江，红越火锅创始人。在竞争激烈的火锅餐饮业，他将绍兴越文化做到极致，用最走心的方式，拴住了消费者的胃，留住了食客的心。

越商寄语：企业家精神是无所畏惧。世上无难事，只怕有心人。任何事用心做，都能看到希望之光。

认识红越火锅是在朋友圈里。火锅店开业以后，众多微友用小视频的形式分享体验：古朴的环境，诱人的火锅，还有令人惊喜的变脸表演，一时间刷爆了朋友圈。

怀着一份憧憬，笔者在一个冬日的午后踏进了红越火锅的大门。已过就餐高峰，一个穿着围裙、戴着手套的中年男子正弯腰收拾着餐具。他就是红越火锅的创始人曹建江。临近年关，很多员工都回家过年去了，家里的亲戚都来帮忙，老板也亲自上阵。

学校毕业后，曹建江并没有从事餐饮业。“各行各业都做过，当过酒店门童，在轻纺行业也待了十多年，后来和妻子开了一个广式煲仔饭小店，生意不错，就开起了第二家。”曹建江说，开小店和经营火锅店绝不是一回事，那时就是普通的夫妻店，并没有涉及太多的人员管理。升级，对他而言无疑是一次巨大的挑战。

用独特的理念和十足的匠心应对挑战，红越火锅已在古越大地“越来越红”。

执着原味文化，寻遍绍兴古建

走进红越火锅，你一定会被店里的环境深深吸引：亭台楼阁、小桥流水、乌篷船、吊脚楼、马头墙……在这里，越文化和川西文化碰撞出火花，完美地融合在一起。

古色古香的氛围背后，是曹建江对一砖一瓦所倾注的心血和付出。“大到门窗石雕，小到花瓶瓦片，都是我从绍兴农村的角角落落收来的，可以说是原汁原味的越文化。”

在曹建江心里，一直想开一家彰显绍兴越文化的火锅店。用越文化打底，如何将火锅代表的川西文化完美地结合起来？曹建江意识到,想做到这一点,需要大师的手笔。

为了让红越有个有趣的灵魂,曹建江四处打听,了解到国内著名古建设计师沈林君在这方面有独到的见解。为了请到大师,他亲自飞到成都,上门拜访邀请。一个火锅店的设计对于沈林君来说是小项目,一开始他婉言拒绝了。但曹建江并没有放弃,三番五次登门拜访,最终用真诚感动了对方。大师终于松口,答应为红越火锅做室内设计。

沈林君来到绍兴后,曹建江陪着他走遍了绍兴的知名景点和大街小巷。从八字桥走到沈园,从鲁迅故里走到鲁镇柯岩,他们花了整整 7 天,走过数不清的青石板,看遍所有带有越文化标记的建筑设计,终于寻找到灵感。

水文化、桥文化、书乡文化、越剧、莲花落、莺歌班,曹建江对越文化元素如数家珍。为什么要把红越火锅打造成独具绍兴特色文化的风格?“一来我十分喜欢绍兴的传统文化,二来希望更多 70 后、80 后走进红越火锅,能勾起小时候的回忆,也想通过这样的风格,让越来越多的年轻人了解绍兴的传统文化。”

团队精心策划, 端上“文化大餐”

“世界上没有什么事是一顿火锅不能解决的,如果有,那就两顿。”红越火锅的墙上,这句鼓舞着“吃货”笑看烦恼的网络名言格外醒目。光顾红越火锅的食客们都会感受到,这家火锅店四处都散发着文化的魅力,除了传统文化,一些时兴的流行文化元素也是随处可见。

时逢世界杯,红越店内打上了世界杯标语,挂起了世界杯比赛场次时间表。按照曹建江的话来说，这是“蹭热点”。在火锅店的经营上，曹建江带领的团队可不只是“蹭热点”那么简单，仔细观察，你会发现红越的经营是特别“走心”。

顾客吃着火锅，突然响起古典音乐，一个白衣翩翩的明媚女子上演工夫茶；川剧变脸音乐响起，顾客一抬头，白脸的曹操、红脸的关公在眼前不断更迭；美猴王、猪八戒会突然走近你的身边，大秀技艺，逗得食客捧腹大笑；抑或自带音响的帅小伙走上前表演一段“抖面舞”，跳着舞将面条下到顾客的锅里。

这些给顾客带来惊喜的表演，离不开曹建江的精心策划。为了请到变脸表演者，他多次联系四川芙蓉门，最终招揽到了19岁的李萍。她是芙蓉门为数不多的女弟子，她的变脸有着川式的奔放，又带着越式的柔美，与红越火锅的定位不谋而合。可是小姑娘刚开始并不愿意离开父母来到人生地不熟的绍兴，在曹建江的劝说和努力下，她终于点头答应，成为红越火锅的一员。

另一名演绎美猴王的表演者，也是曹建江一手栽培起来的。有一天他在微信群里发现有个小伙子经常上传自己的表演视频，加了好友后得知，小伙子有表演天赋却没有经过专业训练，还在停车场当一名收费员。曹建江毫不犹豫地将他招致麾下，请来专业的老师给他上课，帮助他实现了梦想。在很多员工眼里，曹建江不仅是老板，还是一名伯乐。

说红越是一家“走心”火锅店，菜品设计等细节上也可见一斑。肥牛的造型是芭比娃娃，一片片牛肉变成了娃娃的红裙；虾滑做成了爱心状，看上去格外诱人；除了给食客准备日常的用餐工具外，还贴心地为长发的女生准备了头绳……

守住食品安全，承担社会责任

文化让红越独具魅力，但作为一家火锅店，想要吸引顾客，最本源的还是美味又可靠的菜肴。让消费者吃得放心，吃得舒心，这是曹建江一向奉行的宗旨，也是一家餐饮店应该承担起的社会责任。

“我们每周要跑三趟萧山机场，就是为了接收食材。比如鸭肠、毛肚、鸭血等，这些都是在四川新鲜制作后空运过来的，为的就是保证顾客吃到的都是最新鲜的。”曹建江告诉记者，很少有火锅店像他这样做，因为其他采购方式的成本远远低于空运。

曹建江对于食品安全的认识非常透彻，他认为做餐饮，食品安全是命脉，食品安全一旦垮掉，餐饮也就没法继续做下去。

作为一家颇具名气的网红店，红越从成立之初就专注公益事业。今年（2018年）夏天，红越启动了“夏日送清凉”活动，为环卫工人等特殊人群送上清凉饮品和水果，用实际行动回报社会。另外，身为二胎奶爸的曹建江，还十分关注学校公益事业，已经连续两年为绍兴阳明小学提供奖学金。

“如果做公益会被人质疑是作秀的话，我倒希望‘作秀’的人越来越多。”曹建江笑着说。

（采写：顾蓉佳）

曹建江自述：

吾自幼受家庭传统文化之熏陶，观四书五经之精要，闻琴棋书画之艺境，在似懂非懂中度过儿时之岁月，然心中冥冥中烙下这么一份情怀。踏入社会，经商多年，几经波折，深感商海沉浮，随岁月之流逝，星辰之更替，儿时心中那份情怀反而变得更加浓郁。几经思量和考研调查，又碰现代餐饮业态快速发展之现状，深感两者结合之可行性，终于 2016 年秋斥巨资创建了第一家自主品牌的餐饮店，以其复古典雅的环境中融入浓厚深邃的文化意境。

作为商业业态的雏形，在经营战略上注入诚信稳健的作风和同创共享的理念，在管理上提倡专业专注的技术和做精做细的风格，在行动上与所有成员一同践行敬业勤业的精神和同心创造的思想，在社会责任上一直以“为客户提供物有所值的服务，为员工创造展现自我的机会，为业界搭建合作共赢的平台，为社会营造和谐发展的环境”为准则。

一年之后，在全体员工不懈努力和社会各界真诚帮助下，2017 年秋红越文化餐饮又顺利进入柯桥市场建立了第二家店，通过一年的不断摸索和精心打造，初步形成了自己独有的企业文化。为实现企业使命，公司全体员工本着“以人为本、力求精致”的核心价值观，围绕“诚信缔造品牌，专业赢得市场”的经营理念，一言一行落实“不唯关系看品行，不唯文凭看水平，不唯资历看能力”的用人理念，一时一刻践行“敬业勤业、创新创造”的企业精神，一心一意体现“服务于开口之前，感动至离店之后”的服务理念，用真心、诚心、尽心、忠心为客户奉上最优质的服务，为红越编织最灿烂的明天，同时为每一位红越人打造最温馨的家园。

不管前路如何，红越始终怀负重超越之志，容海纳百川之量，承百家之文化，传千古之文明，结山水双拥之深情，创风雨同舟之精神，吾也将终其一生怀着一颗对天地万物敬畏之心，对商业丛林法则敬畏之心，如履薄冰，不畏艰难，不辞劳苦。

徐立华：追求极致的“制枪匠人”

越商名片：徐立华，绍兴市岭峰气枪制造有限公司董事长。

越商寄语：企业家精神就是工匠精神，欲得其上，必求上上。制造行业应该立足创新研发，坚持以质量求生存，只有这样，才能在市场浪潮中赢得客户和获取利润，使企业行稳致远。

“你愿意为那仅有的1公分差距付出超过100分的努力吗?”

“我愿意。”

为这三个字,徐立华坚守了近20年。

在“制枪”这个行业里,徐立华已经摸爬滚打了多年。他也常常自诩身份“特殊”:“我的工作是制造运动气枪,估计一般人都不熟悉我这行。”

熟悉徐立华的人都知道,他是个风格鲜明、敢于担当的人。在商海中,他该出手时就出手,兵行险招敢为人先,尤其在战略时机的把握上富有远见卓识;在技术上,他有着一个绣花娘子毫厘不差的严谨,深谙“差之毫厘,谬以千里”的道理。正是这些特质,铸就了绍兴市岭峰气枪制造有限公司的行业旗舰。

初来乍到、崭露头角

徐立华可以说是绍兴最早一批制作运动气枪的企业家之一。1999年,他从国资系统被推荐到岭峰气枪制造有限公司担任管理层职务。初来乍到,没有一见钟情式的心动,而是不由自主地揪心——陈旧的设备、落后的技术……就像一个乡土、质朴的灰姑娘,让徐立华忧心忡忡。

彼时,“岭峰气枪制造有限公司”还叫作“东风体育用品厂”,这是一个主营羽毛球等运动用品生产的公司,如今的主营业务运动气枪,当时份额只占到很小一部分。那时,公司也正处在最困难的时候,收益惨淡,拥有100多人的公司,一年仅有800多万元的营业额。当然,这与当时国内运动气枪行业处于低谷期密不可分,在国内的枪支法颁布之后,文体商店被禁止销售运动气枪,导致国内许多气枪厂纷纷关门倒闭。

行业大环境不景气，徐立华与公司都被逼上了绝境。是勇敢迈向新征程，还是安于一隅？“如果再不拓宽销售渠道，咱们的企业可能熬不过去了！”经过几天几夜的深思熟虑，徐立华萌发了做外贸出口的想法，“我是下了决心要把公司带入正轨的，无所事事的日子我可不想过。我们必须要做出改变。再晚，我怕来不及了！”

万事开头难，迈出革新的第一步，要比想象中难得多。单位的员工们大多已经习惯于“吃大锅饭”的清闲，没有人想做出改变。而且，那年徐立华才 30 出头，在公司很多员工的眼里，不过是一个资历尚浅又不靠谱的毛头小伙，大家都抱着质疑的眼光看他。

徐立华很快证明了自己的价值。倔强的他一头扎进车间，开始了新的学习之路。熟悉了公司的一切，徐立华开始凭借敏锐的商业嗅觉，积极与外贸公司寻求合作，并四处搜集国外的客户信息，逐渐让公司的效益好了起来，营业额也稳步提升到了 3 000 万元左右。虽然成果不算耀眼，但这让不少员工一改往日的目光，对徐立华刮目相看，心悦诚服。

未雨绸缪、坚持革新

虽然公司开始步入正轨，徐立华却总是感到一丝不安，他深知公司其实一直在“吃老本”，拥有的几款气枪老产品，国内同样有很多厂商都在做，销路很差。此外，岭峰的产品，由于质量差，只能卖到对商品标准要求低、消费水平低的地方，欧美国家压根看不上。

愿做出海蛟龙，不做南河刀鳅。这也是徐立华打算出去看看的原因。2005 年，徐立华特意飞往美国参加了一场枪械展览。第一次参加展会，差点儿惊讶得掉下下巴。

“当时咱们国内最好的一家气枪厂也在参展，但和国外企业的差距不是一般的大，是那种肉眼可见的差。”回忆起当时的场景，徐立华感触还是很大，国内的产品一眼看上去外观就很毛糙，甚至还有些坑坑洼洼，更别提性能，那完全不在一个层次上，不仅精度差，连射击速度都要慢一拍。

“看了展览才知道自己像井底之蛙，终于明白了自己的水准只停留在最底端。”徐立华用手比画了一下说，也是那时候，他得到了启发和希望，“乐观来说，看到的差距，也代表着我们有很大的进步空间，往后做产品不能只看国内，要盯牢国外的水准。”

产品的悬殊差距，让徐立华内心受到了很大的冲击，久久都无法平静下来。他意识到，自己公司目前不但技术匮乏，管理手段也很落后，运用新理念新技术来规范企业势在必行。徐立华认为，市场竞争的结果就是优胜劣汰，如果不做出改变就会被无情地淘汰出局。

回国以后，徐立华从宏观思考，从细处入手，认真剖析了公司存在的缺点，并开始在公司内部推行改革。

首先，为规范产品全流程的质量管控，全面提升公司管理水平，2007 年，徐立华引入了 ISO 质量管理体系，借助新的管理体系，生产工艺有了很大的提升。“ISO 质量管理体系的引进也正符合岭峰精益生产的管理模式。”在徐立华看来，标准化是企业基石，一切须按流程严格执行，也能倒逼产品质量的提升。

同时，徐立华直接瞄准世界先进技术，抢占了企业发展的制高点。“我们之前的老生产线设备相对比较落后，虽然符合国内市场标准，但是与国际市场还有一段差距，为了更好地打开国际市场，我们当时引进了国际先进的生产设备。”此外，徐立华还优化组建了研发团队，岭峰在革新中打出了一手好牌。

渐渐的，“岭峰”制造的运动气枪产品由于质量过硬、性价比高，受到了国际市场的认可，以前看不上岭峰的国际企业，开始与岭峰开展多种方式的合作。

在岭峰公司，每年都会将“质量第一”的标语粉刷一新，就如徐立华对于质量管理创新孜孜不倦的追求。

匠心至上、分毫必争

从最早仅有的三款老产品，到现在拥有一百多款产品，岭峰的改变见证了徐立华对新产品开发的热情。

他是个坐不住的人。公司里的员工都知道，徐立华每天早上来到单位，做的第一件事就是亲自去每个部门转一圈。其实这件事并不复杂，难能可贵的是他日复一日年复一年地坚持做这件事。

“有的人告诉我，当公司高层要端着点，反正我是端不住，遇到生产问题的时候，我必须同工人们一起坚守在一线，一是可以鼓舞士气，二是可以保质保量完成生产。坚持每一件产品的品质，是我一直以来不变的宗旨。我始终认为技术都在细节里，有的部件不光滑，枪的外表就会有很大的差别，一个零件也可能影响枪射击的精度，反之多打磨一下，可能精度就会提升一个层次。”徐立华说。

徐立华是个完美主义者，对于气枪的射击精度有着近乎苛刻的要求，当然，他也很享受这个追求“无限接近完美”的过程。

“原来测试枪械精度，是在 25 米距离射击 5 发子弹，只要这 5 发子弹都打在 2.5 公分的范围之内就行了。而现在，我们要求这个范围缩小到 1.5 公分之内，这也倒逼了员工增强质量意识。”徐立华已经记不清楚，为了 2.5 公分缩小到 1.5 公分，自己和员工们到底花了多少时间去研究。

从前测验气枪精度的时候，都要等到枪管装好了，才会进行射击测试。但徐立华下了新“命令”，规定员工们要在枪管还没装备的时候，就必须测试一下，直到射击精度合格了才能继续下个步骤的安装。

将一门技艺做到极致，才是真正的价值，徐立华把工作比作是一场刺刀见红的白刃战。岭峰的员工们都记得，2016 年，徐立华整天没日没夜地和气枪的质量及射击精度“较劲”。那时的徐立华就像上了发条的机器，在他心里边，始终惦记的是那“一公分”。

拿出不合格的产品，他就反复与同类的气枪产品对比测试。找不出症结所在，他会对气枪进行“解剖”，拿着显微镜先去看差异。为了矫正某一个部件，他能和员工们连续十几个小时泡在车间内反复尝试，直到得出正确的结果。

泡在一线的那半年时间，差距慢慢缩小，数字朝着目标迈进。终于，当测试结果显示为“1.5 公分”的时候，徐立华才如释重负，松了一口气。“苦肯定是苦的，但眼看着自己做出的产品越来越好，特别有成就感。”徐立华说，现在岭峰的产品在行业内已成佼佼者，品质完全不输国际一线产品。

一名岭峰的员工这样说道：我很庆幸自己能和徐立华这样的领导一起工作，在一次次严谨的实验，一次次产品打磨中，总能看到徐总对于产品追求极致的狂热与挚爱，这是一种浸入骨髓的个性，更是匠人精神的完美体现。确实，徐立华一路开拓、持续创新、踏实肯干的精神，感染了每一位岭峰员工，也带领着“岭峰”走向真正的“高峰”。

（采写：金汉青）

绍兴市岭峰气枪制造有限公司简介：

绍兴市岭峰气枪制造有限公司是经国家公安部批准的专业民用枪支（弹药）制造单位，是中国文教体育用品协会气枪协会理事单位、浙江省高新技术企业、浙江省科技型中小企业、绍兴市专利示范企业、绍兴市企业研发中心、安全生产标准化三级企业，企业通过IOS9001－2015质量体系认证，2009年至今连续被公安部门评为“安全生产先进单位”，是具有42年历史传承的专业运动气枪制造企业。

公司位于绍兴市越城区漫池路15号，占地面积16 000平方米，建筑面积25 000平方米；现有员工300余人；拥有完整产业链及检验检测设备。主要产品为气枪类产品十几个系列60多个规格及射击运动关联类产品，具备年产各类中高档运动气枪100万支的能力。

公司拥有强大的设计研发团队，研发部设有绍兴市外国专家工作站、绍兴市技能大师工作站。公司获得专利共计69项，其中美国专利1项、发明创造专利6项、实用新型专利56项、外观设计专利6项，并与多家海外知名枪械公司联合研发合作生产。公司各类气步枪气手枪多次在工业设计比赛中获奖，其中自主研发 PCP 系列、CO2 系列以及压气式半自动气枪为世界级高技术含量产品。42 年不间断运动气枪生产的技术积淀为公司建立了一套完整的生产管理体系及特殊的枪支生产工艺技术，同时也练就了老中青几代岭峰人的管理及技术团队。公司在北美、南美、欧洲、中东等地区拥有自主销售网络，并不断开拓新市场。自主品牌 SNOWPEAK/ARTEMIS 在美国及欧盟注册。

岭峰气枪是目前国内气枪制造领域研发能力最强、产销量最大、产品技术含量最高的民用运动气枪制造企业。产品制造正在向生产智能化转型，产品设计全球合作，产品结构高中低全覆盖，公司产品正由中国制造稳步迈向中国智造。

林作溪：创新+共享“足”以走天下

越商名片：林作溪，沈园堂健康文化传播有限公司总经理，中国商业联合会沐浴委员会副会长，绍兴市足疗保健行业协会会长，行业杰出演讲家，实战培训专家。

越商寄语：新时期越商精神关键点在创新，有创新、有合作，才会有未来。

泱泱古越大地，自古人才辈出。越商新精神的核心在“反哺”精神、“共享”意识，无论身在何方，无论立业何处，始终抱有家乡永难忘的桑梓情怀。进入新时代，越商进一步展现新担当、谋求新作为、实现新发展，做到爱国敬业、遵纪守法、艰苦奋斗；创新发展、专注品质、追求卓越；履行责任、敢于担当、回报社会。

林作溪先生正是秉承着百折不挠精神、创新精神、共享精神，打造了沈园堂这一足道品牌的传奇故事。

百折不挠，传承创业梦想

林作溪的创业经历可谓“一波三折”，但是从未磨灭其骨子里“百折不挠”的精神，他带着恒心和毅力，历经跌宕起伏的创业之路，最终成功开辟了自己的事业。

40 多年前的温州，人口稠密、资源匮乏、交通闭塞、工业落后，是当时中国最为贫穷的地区之一，曾有民谣传唱“平阳讨饭，文成人贩，永嘉逃难，洞头靠贷款吃饭。”林作溪就诞生于这样的环境背景中。

生于单亲家庭的林作溪，从小与母亲相依为命。自 1991 年开始，林作溪就离开老家泰顺在温州四处打拼，那时的他年仅 13 岁，睡桥洞、当厨师、做木工、学裁缝，在各家工厂腾转挪移。17 岁起，他继承了家族饭店的经营，并先后创立舞厅、台球室、冷饮店、卡拉 OK 厅。30 多年家族创业的熏陶，使他继承了温商敢于冒险、善于变通的精神。敏而好学的林作溪，不畏艰难困苦，游刃于各个角色之间，也累积起了丰富的实践经验。

然而在林作溪 24 岁那年，本该事业有成的他，却因沾染了社会恶习而迷失了方向，以致欠债累累。与此同时，远在古城绍兴经商的兄长林作河，已经凭借自己的勤劳智慧，率先成功创立了“紫罗兰理容城”“开元休闲中心”两大休闲健康品牌。在林作溪心无所向之际，兄长林作河向其伸出了橄榄枝。

初涉美容、推拿行业的林作溪，自知经验尚浅，便主动从基层岗位做起，以便全方位了解门店各个环节的运作。从紫罗兰的基层历练，到开元休闲的人事管理，他逐渐理清了管理脉络，并成功接手了紫罗兰理容城的全盘运营。通过服务、技术、卫生、形象等细节精进，他最终创造了销售奇迹，也赢得了大哥与店铺全员的交口称赞。《周易》有云：二人同心，其利断金；同心之言，其臭如兰。在兄弟二人的勠力同心之下，门店的生意蒸蒸日上。

采访时，林作溪回忆道：“开元休闲主营美容美发、洗浴、推拿等业务，并且该品牌名是模仿别人而来的，实际上是蹭着其热度在发展，再加上推拿这类服务技术难度较大，相关方面的人才匮乏，我认为这并不是一个长久发展的方向。”

正巧，在2004年，杭州掀起了足浴热潮，林作溪看到了足浴行业的未来，带着骨子里百折不挠的韧劲，决定在杭州这个大都市开一家属于自己的足浴店。几个月后，“银海星空”足浴店在杭州萧山落成，主营足部理疗、足部按摩、足部护理等业务。但是由于对市场的开拓只是一味地参照过往的经验，再加上行业发展良莠不齐，公众对足浴的偏见较大，因而通过一两年经营，无论是收益方面，还是对社会大众的影响方面，都成效甚微，“银海星空”最终以失败告终。

现今，林作溪回想自己的创业经历，仍会为自己百折不挠的精神而骄傲:“人们应当为所经受的苦难而自豪,任何苦难都能成为成功者幸福的回忆。我眼中的企业家,是那种穷时能吃苦,富时能吃苦,打工能吃苦,做老板也能吃苦的人,他们把苦难和失败当作人生的导师,在挫折面前,从不怨天尤人,而是保持冷静的头脑笑对失败。”

这一次创业的失败并没有挫退林作溪,反而“恒心”和“毅力”促使其前进。回到绍兴这个文化深厚的历史古城,他重振旗鼓,盘算着开一家属于自己的足浴品牌店。2005 年夏天,林作溪偶然在报纸上看到了一则招租广告:沈园附近 1 700 平方米的房子招租。综合考量沈园历史源远流长、文化底蕴深厚、能够提供相当的客流量等,林作溪决定租下它,打造属于自己的足道品牌。

当提到“足浴”与“足道”的区别时,林作溪严谨地解释道:“足道不同于足浴,足道就是养生之道,是一门大学问。道,自然也,我们讲究的是顺应自然,以足疗身。”2005 年 10 月 29 日,在林作溪的不断努力下,以古城著名人文景点沈园为邻,“沈园堂足道馆”盛大开业。在绍兴这一方土地上,在林作溪的培育下,足道“沈园堂”芙蓉出水分外妍。

创新+共享,引领行业发展

风雅越地,人才辈出。在沈园堂的经营过程中,林作溪不仅将创新思维贯穿企业文化、教育培训和公益慈善三个方面,还将沈园堂成功经验共享给整个行业、经营成果反哺给社会大众,以“共享”实现“共赢”,朝着“百家沈园堂,百年沈园堂”的伟大宏图扬帆起航。

在优秀地域文化的影响下，绍兴人民一贯以恪守传统为荣，对有伤风化的养生场所常常嗤之以鼻。而最初的足疗行业，鱼龙混杂，借足疗之名行苟且之事的同业数不胜数，给绍兴人民留下了积重难返的“近色”印象。由于行业混乱，初出茅庐的沈园堂在当时并不为人所知，从而导致店内生意门可罗雀。

身为店长的林作溪，带着勇于摒弃旧思想旧观念、创立新思想新事物的精神，抛弃原有的经营模式，从文化着手，致力于改变公众对足道行业的认知。在他的带领下，沈园堂首先从越文化中寻找突破口，初步形成以国学为基础，以创新为灵魂，以“诚信、仁爱、感恩、奉献”为核心价值观，以“一双手养活一家人，一颗心感恩全社会”为企业宗旨的独特文化理念，将“规范专业”作为企业的经营原则。

企业文化战略的实施使沈园堂在绍兴足道业脱颖而出，焕发出勃勃生机。渐渐地，社会上各行各业慕名前来，参观沈园堂的物质文化，学习沈园堂的制度文化和理念文化，汲取经验。林作溪也为此开了不少的企业文化分享会、企业文化交流会，与各个行业共享企业文化实施经验、心得，促进行业共同进步，实现共赢。

21 世纪是文化管理的时代，也是文化致富的时代。习近平总书记曾高屋建瓴地指出，一个没有精神力量的民族难以自立自强，一项没有文化支撑的事业难以持续长久。林作溪牢牢把握住政府政策的脉搏，创新性地打造企业文化，不断提高企业内涵，塑造企业形象，逐渐改变公众对足道行业的偏见，与此同时，共享沈园堂企业文化经验，带动服务行业共同发展，实现共赢。

经营无方、管理无序、技师紧缺、技术落伍等发展短板，制约着绍兴足道产业精进。为扭转行业困局，沈园堂首开行业先河，利用现有物质资源，与浙江农业商贸职业学院携手，于 2009 年 12 月合作成立沈园堂专修学院。自此，以团结奋进、自强日新为院风，以厚德博学、言传身教为教风，以勤奋乐学、立志高远为学风的人才培养航母开始乘风破浪。

作为专修学院院长，林作溪为更好地打造学员，他从自身做起，曾前往美国 BSE 企业家商学院进修企业管理专业，参加过清华大学青年企业家培训班、中央党校企业家培训班、浙江大学企业经理人培训班等。经过多年的学习和积累，林作溪将之所学付诸行动，相继开发出“人生励志、企业文化、华夏历史、传统国学、中医养生、服务礼仪、阳光心态、业绩秘籍、沟通技巧、精细管理”等十大科目内容，以及高层领导者培训班、中层管理人员培训班、新生集训班、亲传精英班等培训班，并亲自着手学员培训，立志成就中国足道实战培训第一人。

他经常在各地进行公益巡讲，在公益论坛开营授课，并不断地创新授课方式、授课模式，将自身的优秀经验以上课的形式分享给同业，从而引领行业迈向健康持续的新发展，带动人才迈向综合素质的新提高。除此之外，林作溪积极主动参与各大足道峰会、养生大会、足道论坛等，资源共享，促进行业发展。迄今为止，他已经在沐足浴行业的大型会议中培训千余场，赢得“业界第一金口才”“铁嘴”等的美名。

从创业初期的小板凳上对练技术，发展到如今有层次、有重点、有规模的培训系统，林作溪对培训方式的创新有了很大成效。他自豪地说："每一家沈园堂的店长都是我的'亲传弟子'。在培训的时候我喜欢用这样一句话去激励他们：人生因为学习而成功，人生因为有梦而精彩，人生因为奋斗而幸福。"在系统化的培训下，沈园堂不仅打造出了一批专业化的、正规化的员工，而且带动了整个行业的规范化、正规化发展，已经成为这个行业内全国学习的标杆。

林作溪提到，慈善和爱心，很大一方面是源自父母的言传身教，其次是绍兴这座城市所给予的文化熏陶。作为新一代的越商，林作溪在创业伊始，就怀着一颗感恩的心以慈善的形式回馈社会，他创新性地将公益融入沈园堂日常经营，融入员工个人生活。见微知著，点滴中，一个企业家强烈的使命感、回报社会的共享精神展露无遗。

林作溪追崇"敬天爱人"。所谓"敬天"是国家的法律法令，是守法经营、诚信经营、照章纳税；"爱人"就是力所能及地帮助那些真正需要帮助的人，推己及人，服务社会。

多年来，林作溪一直坚持参与各种慈善活动，"每一个慈善活动都是我自发参加的，那是内心深处萌发出来的情感，点点滴滴，就想尽力多帮些人"。秉持一颗炙热的责任和奉献之心，林作溪在扶持就业、捐资助学、扶贫济困和公益慈善等方面上不断投入大量的精力和时间，尽最大的力量助力公益，回报社会。

在他的感召下，沈园堂已经形成系统化、常态化的公益慈善模式，沈园堂的每位员工皆为践行公益的志愿者，每家店铺皆有热心志愿的服务队，每家店铺每月都会组织慈善爱心活动。沈园堂全员上下用实际行动感恩社会，短短的十几个春秋，沈园堂光是公益慈善活动就举办了600多场，辐射人员更是数以万计。公司多次被政府授予“无偿献血爱心单位”“爱心慈善企业”等称号。

助力公益，传播大爱，沈园堂人的爱心善举激发了业界同行的炽热真情。在沈园堂的带动下，中国健康产业刮起了一阵热心公益的慈善旋风，大家纷纷效仿，用爱接力公益志愿的慈善之行，完美诠释着“我为人人、人人为我”的大爱梦想。

14年前，在第一家沈园堂的白墙青瓦下，二三十岁的年轻人默默立志，从沈园堂足道馆到沈园堂健康文化传播有限公司，到直营店加盟店连锁发展，现成功有30余家品牌店(16家直营店)、2 000余名员工。沈园堂在林作溪及其团队的领导下一路高歌猛进，逐步在健康服务领域拓宽延伸，形成了集“健康管理、经络养生、影院足道、食疗超市”于一体的产业生态链。

凭着林作溪长远的战略眼光以及团队管理，沈园堂先后获得“ISO质量管理体系认证”“浙江省文明单位”“浙江省著名商标”“浙江省知名商号”“浙江省服务名牌”“浙江省消费者信得过单位”等多项荣誉称号，多次受到政府与行业的表彰，成为浙江乃至全国足道行业的龙头，亦赢得了社会各界的广泛赞誉，不断地朝着“百家百年”的目标砥砺奋进。

回忆自己的历程，林作溪先生感触道：“温州人以创业为先，绍兴人以守业为本，温州人敢闯敢拼，可以比喻为‘踩油门’，绍兴人比较精明勤俭，可以比喻为‘踩刹车’。我虽生于温州，却也是新绍兴人，沈园堂的成功很大程度上就是因为我将越商精神和温商精神相结合，如此才游刃有余，收发自如。”顺着蜿蜒的河道，沈园堂这一叶扁舟远远划去。我们似乎可以窥见这位青年的豪情壮志在慢慢实现……

（采写：谷伟鹏　陈晓悠　胡蒙蒙）

沈园堂健康文化传播有限公司简介：

沈园堂成立于2005年，是一家专业提供健康养生服务的全国连锁机构，现有门店30余家，职工2 000余人，为中国医促会植物芳香医疗保健分会副主任单位、浙江大学校友企业家健康协会执行会长单位、浙江省域温州商会副会长单位、杭州市温州商会副会长单位、杭州市公共关系协会理事单位、绍兴市温州商会常务副会长单位、绍兴市足浴保健行业协会会长单位、绍兴市特色服务行业促进会会长单位。

笃行进取，不断创新。2011年，沈园堂杭城首家直营门店荣耀出世，吹响了品牌在省城的集结号角。此后，沈园堂加盟合作店的接连盛放与陆公馆高端旗舰店的聚势起航，使品牌实现了从鉴湖时代到西湖时代的历史跨越。2017年，沈园堂健康管理中心在绍成立，首次为品牌描绘出了大健康产业生态的未来发展蓝图。在国家级名中医的支持参与下，中心自成立以来，就在健康传播、公益志愿、社区共建等方面产生了良好的社会效应。

经过十余年的发展积淀，沈园堂已经成为绍兴旅游行业的一张金名片，中国健康养生行业的领军品牌，先后获得“浙江省文明单位”“浙江省著名商标”“浙江省知名商号”“浙江省服务名牌”“浙江省消费者信得过单位”“绍兴市商贸服务业百强企业”“绍兴市服务业龙头企业突出贡献奖”“绍兴市诚信经营示范企业”“绍兴市帮困助学爱心模范企业”“绍兴市服务业重点企业”等荣誉称号，多次受到政府与行业的表彰嘉奖，亦赢得了社会各界的广泛赞誉。

怀抱“效法陆游、传播大爱”的健康梦想，沈园堂处处遵循诚信仁爱、感恩奉献的企业信条，致力开发集“身体检测、疾病预防、保健诊疗、养生调理”

于一体的大健康产业生态圈，着手构建主题文化酒店、居家养老服务等相关配套业态，努力成为中国健康领域最受国人尊敬的养生品牌企业。

丁立清：用动漫的力量振兴民族

越商名片：丁立清，绍兴特立宙电脑动画有限公司董事长。

越商寄语：企业家精神就是持之以恒的精神。做企业首先要确定一个正确的目标，然后持之以恒，咬定青山不放松。我的梦想，是希望通过动漫的力量实现民族振兴的伟业。

“乌篷小船摇动清波，青石小巷绕绿了墙。翩翩少年他聪明可爱，花样年华要尽情飞扬……”这是绍兴本土动画《少年师爷》的片头曲，听起来轻快明朗。

截至2018年8月，《少年师爷》在央视已播出300多集。这部绍兴原创动画片从2010年8月开播以来，至今制作达十二季，动画片先后在美国、法国、西班牙、德国、澳大利亚、印度、泰国等30多个国家和地区播出。

然后，谁又能想到，一部热播动画片的出品人，原本竟是一个做服装生意的商人。什么原因让他义无反顾地向陌生的领域进军，从零做起，耗费大量心血和财力创作动漫，并坚定地沿着这条路走下去呢？我们为此拜访了绍兴特立宙电脑动画有限公司董事长丁立清，窥探《少年师爷》诞生背后的故事。

初心：为儿子创作一部好动漫

清癯、儒雅而又健谈，是丁立清给人的第一印象。在绍兴市斗门镇一个工业园区内，左边是制作动漫的文创企业，右边是服装生产厂房，最传统的纺织服装行业和最讲求文化创意的动漫企业戏剧般地交织在一起，而这两家企业的负责人都是丁立清。

12年前，因为儿子的一句话，丁立清迈上了创作国产动画片的漫漫求索路。

丁立清说，有一次见客户遇挫早早回家，正巧遇到10岁的儿子在看动画片。儿子看得非常认真，绘声绘色地把刚才看的动画故事讲了一遍。很久没看到儿子笑脸的丁立清一下心情好了不少，于是他问儿子，最喜欢做什么事情？儿子很开心地说，自己最喜欢看动画片。

儿子接着说："爸爸，你什么时候也拍一部动画片给我看吧。"儿子的这句话，点燃了丁立清脑中的火花，也找到了企业转型的方向。一个强烈的念头闪现了：对，给儿子拍一部他喜爱的动画片，陪他快快乐乐地成长！

事后他回忆，儿子很喜欢看动漫，但看的片子大多是欧美和日本的，意识形态、价值观都是西式的。打打杀杀的情节让丁立清在心里坚定了给中国孩子看"干净"动漫的信念，而故乡绍兴悠久的历史和深厚的文化底蕴成了最佳的创作底本。

"日本有一个聪明的一休，那么中国的一休是谁？远在天边，近在眼前，师爷就是中国的智囊，中国的一休。"丁立清认为，从这个点上为孩子们做一部动画，是一件挺伟大的事情。

转型：咬定青山不放松

"做企业我觉得首先是确定一个正确的目标，当然在选定这个目标的过程中需要积累很多东西。以外，就是要不断地坚持，遇到问题，解决问题，咬定青山不放松。"丁立清深有体会地说。

2006 年，风风火火经营着纺织服装企业的丁立清，成立了绍兴首家以动画制作为主，兼营影视拍摄、广告制作以及动漫衍生品开发的公司——特立宙公司，一心为儿子创作一部好动漫。

他花了两年时间，投入 100 万元，组建团队，编写剧本，拍摄制作，然后兴冲冲地拿着样本去向省城专家寻求建议，结果却是晴天霹雳，整集片子几乎被专家批评得一无是处，只留下"少年师爷"四个字。

2008年，金融危机又来了。2009年的春节，对丁立清来说不太好过，面对100万元的亏损，他有过动摇，但更多的却是心有不甘。

在陌生领域遭受打击，丁立清仍然坚持自己的方向。

在一片反对声中，通过比较，他突然发现，金融危机中倒下的恰恰是传统企业，这个发现让他更加坚定当初的动漫梦想，成功说服了反对者，集中所有精力和财力做好《少年师爷》这个项目。

丁立清到处考察动漫行业，寻找动漫人才。由于绍兴本土动漫人才匮乏，他几乎跑遍半个中国，北京、上海、杭州、广州、深圳，全国各大动漫基地都去过，现在《少年师爷》总导演叶昊就是这样挖过来的。

叶昊毕业于浙江工业大学动画专业，2012年他和几个伙伴在杭州成立了创业公司，主营游戏设计、动画制作，有着不错的发展前景。经介绍，丁立清找到叶昊，说服他加入自己公司，希望他能回家乡一起创作属于绍兴人自己的动漫。正是这一句话，叶昊回到绍兴发展。

从前期设计人员，到成为《少年师爷》的总导演，叶昊告诉记者，正是丁总坚忍不拔的性格，感染着身边每一位工作人员。为了让创作团队了解绍兴，更好地在作品中体现绍兴元素，丁立清带着大家走遍绍兴的各大景点和乡村角落。

十年过去，丁立清在这条转型的道路上一往无前，不仅把《少年师爷》系列做成浙江省动画品牌第一，他还出品了同名电影《少年师爷之大禹宝藏》，动画片《汉字小精灵》，并开发了相关的衍生产品。

传承：弘扬绍兴传统文化

《少年师爷》塑造了一名机智勇敢、心怀大志的少年，有着绍兴人的智慧聪颖。动画片以水乡绍兴为背景，通过水墨画风格展现小桥流水、白墙黑瓦、乌篷船等极具江南风韵的元素。

“少年师爷”形象有了，《少年师爷》电视动画片系列也有了，在动画片大获好评后，丁立清把目光瞄准了电影市场。

2016 年 7 月，动画大电影《少年师爷之大禹宝藏》加入暑期档的争夺战，时代院线、万达影院等大型影院均给予了黄金时段的排片，该片也是当年暑期唯一一部有动画片基础的动画电影。

“作为一个动漫人，坚持做中国风、民族风的精品动画，做对儿童健康有益的作品，让民族动画走出去，是我们肩负的使命和责任。”丁立清在接受采访时表达了他的理念。

“另一部动画《汉字小精灵》同样取景于绍兴，是中国首部以汉字笔画为人物形象的动画电影，并融入‘一带一路’思想。”丁立清表示，将绍兴 2 500 年文化融于动画中，让全国小朋友从小感受到传统文化的魅力。

一路走来，丁立清做的其实是一件事：立足原创品牌，弘扬绍兴传统文化。

“这部动画片为孩子们树立了一个智慧英雄，让孩子们从中吸取民族文化的精髓，感受绍兴 2 500 年积淀的文化魅力，也让世界了解绍兴。”

通过动画，通过快乐的方式，让孩子从中得到教育，得到成长，一直是特立宙坚持的理念。丁立清说，他的梦想就是希望有一天能够通过动漫的力量，振兴民族。

（采写：郑培庚）

绍兴特立宙电脑动画有限公司简介：

绍兴特立宙电脑动画有限公司成立于2006年，近10多年来，公司立足民族深厚文化，致力于挖掘本土文化资源，以“关注思想、传承文化、创造快乐”为原则，精心打造三个民族动画品牌：《少年师爷》《汉字小精灵》和《中医小知己》。公司先后被评为国家动漫企业、国家文化出口重点企业、浙江省文化产业“122”工程企业等，创建的中国风动漫影视创作基地入选国家文化出口重点项目。

动画片《少年师爷》是一部诙谐幽默启人心智的中国精品动画，也是中国首部以江南水乡为背景的动画片。它以传播正能量、促进儿童健康成长为己任，以发扬中华文化、传承民族精神为担当，讲述了一个机智勇敢、充满侠义的少年——施野不断努力、进取，最终实现自己“中国少年梦”的励志故事。目前，已有300多集登陆央视一套、央视少儿频道等全国上百家电视台，并出口到美国、英国、法国、吉尔吉斯斯坦、新西兰、新加坡等30余个国家地区。连续九次被国家广电总局评为优秀国产动画片，并获文化与旅游部最高动漫政府奖、中国精品动画、中国“美猴奖”、“金猴奖”、浙江省“五个一”工程奖、浙江省“牡丹奖”等荣誉称号。同名大电影《少年师爷之大禹宝藏》于2016年暑期在全国院线上映，得到浙江省新闻出版广电局和国家广电总局的资金支持，获省“五个一”工程奖。

动画片《汉字小精灵》是中国首部以汉字笔画为形象的动画片，旨在讲述千年文明真谛，让初学汉语者轻松愉快学习中国汉字。目前已完成52集，并登陆央视和全国上百家电视台，走进美国和中亚地区；动画片《中医小知己》结合中医中药、中华美食与人体五脏六腑的运行规律，用动画手法破解生命原理，弘扬中医文化，破解健康密码。目前已完成立项，计划2020年制作完成。

未来3～5年，随着“少年师爷”品牌社会影响力不断提升，公司将立足动漫产业，着力衍生品开发，推出“小师爷”童装、毛绒玩具、“小师爷”室内主题乐园、“小师爷”智慧特色教育、特立宙动漫体验园等项目。用3年时间将《少年师爷》制作到500集，完成同名大电影2部。《汉字小精灵》制作到200集，完成同名大电影1部。《中医小知己》制作到52集。

这些年来，公司已打下良好的基础，希望通过努力用3年左右时间实现上市，成为“中国风”动画龙头企业之一。

杨井：百折不挠 缸罄有声

越商名片：杨井，杨传老厨瓦缸小吃掌门人。10年来，以永不服输、百折不挠的奋斗精神，创造了一个在全国开设1 300多家杨传老厨连锁店的传奇。

越商寄语：企业家精神就是永不放弃。生命不息，奋斗不止，创业如是，人生如是。

他说，我见过一口缸的整个制作历程。经过揉泥、拉坯、修坯、晾晒再到烧制，在窑中经受千度高温的煅烧，千锤百炼，一口缸才得以成型。

他说，瓦缸小吃的所有奥秘都在一口缸里。食材的色、香、味等各种因子在缸里碰撞、交融，浓缩成汤汁浓厚、醇香诱人的美食。时间的奥秘就在这个慢炖细煨、不断烧炼的过程。

他说，我的人生与一口缸紧紧维系在一起，我在寻缸、塑缸、扬缸的过程中，找到自己在这个世间的支点，找到价值与意义所在。人生唯有百折不挠、奋斗不息，才能锻造出一口好缸，端得上一桌佳肴。

寻缸：众里寻他千百度

挫折与坚韧，是人生这架马车的两个轮毂，它驱使着人不断向前，在崎岖与平坦中，感悟生命的悲喜与得失。

走进杨井办公室，一幅横匾入目深刻——知者不惑、仁者不忧、勇者不惧，杨井对它的理解是，知者不惑、仁者不忧需要一定境界，而勇者不惧每个人都可以。

17岁，家贫辍学后杨井选择到上海打工。“打工就像淘金，城市越大机会越多，上海一定机会很多，”杨井说。灯红酒绿的上海，给了杨井强烈冲击。他遇见了很多与自己一样的打工者，有的混日子，有的有点小聪明，有的试图努力改变命运。杨井内心不甘做打工者，但他也清楚，成功不可能一蹴而就，要成功必须得先磨砺。于是，他如同一块海绵，沉到社会的汪洋中历练。

“常立志，不如立长志，心有长志，直驱而往。”杨井在辗转了多个行业——给酒店送台布、送水、卖水果、合作包地种植后，抓住零售业从传统百货商场转变为超级市场的销售模式的商机，于2002年举债在江苏张家港创业开了一家超市。打着货真价实、24小时营业的经营理念，超市生意红火，两年下来不仅还清了债，还净赚20多万元。正当杨井筹划着扩大超市规模时，房东决意将房子收回，杨井的第一次成功创业就此告终。

彼时杨井急于重振旗鼓，他在杭州临平火速打起翻身仗，未想到这一次超市生意始终冷清，仅一年时间就关门歇业，年轻气盛的杨井尝尽了挫败感。

人生的前几口缸就那样砸了，杨井回到了家乡安徽怀远，开始帮父母打理家里的瓦缸小吃店。一颗心却始终不屈服，盘算着下一个创业梦，念念不忘东山再起。人生没有什么可输的，摊开手和握紧手，其实是一样的。杨井回忆那时的自己，帮衬着店里的生意，更多的时候，对着店里角落的一口大缸沉思。就在某一个瞬间，这口大缸像一道启示一样闪回在杨井脑际，于是，一个新的创业决定便诞生了。

是不是可以将家乡民间传统瓦缸煨汤发扬，尝试一条瓦缸小吃的创业路？杨井笑了：兜兜转转一圈，却发现人生的因缘际会其实早在身边。就这样，杨井找到了人生的下一口缸，准备赴之一搏。

塑缸：乘风破浪会有时

2009年，踌躇满志的杨井来到绍兴，在绍兴文理学院附近开了第一家杨传老厨瓦缸小吃，一夜间店客盈门，杨传老厨的名号一炮打响。

但杨井并不为此沾沾自喜，找到了人生的一口缸，如何来塑造好这口缸，杨井心里琢磨了起来。

传统瓦缸小吃所用的器具大多是粗陶材质，导致食物在低温煨制中受热不均，杨井便前往全国各地寻求好的器具材质，在一次次无功而返后，终于在江苏宜兴遇见了中意的紫砂。“紫砂是一种双重气孔结构的多孔性材质，气孔微细密度高。它有吃水性、通气性和受热均匀等特点，煮出来的东西温补不上火，食物中各种营养元素能充分发挥，紫砂还含有一定的微量元素，对人体有益。”在试验与论证了一遍又一遍后，杨井敲定了紫砂作为杨传老厨的器具。

同时，杨井将瓦缸煨汤拓展成瓦缸煨汤、煨菜、煨饭、煨粥，还将汤品和菜品的口味做成各种系列，开发了几十道适合现代人口味的系列菜肴。

用炭火煨制瓦缸菜，继承了好吃、营养的优势，但弊端突出——火候难以控制，制作时间偏长，杨井决意改良精进。现代技术攻克成了难题，他多次赴各地考察，试图用电来代替传统炭火。但市场上现有的用电设备只是类似于蒸箱的不锈钢电炉，四四方方的外形失去了瓦缸原有的特色，电炉的工作原理也没有瓦缸器皿封闭环绕受热的优势，使得口味大打折扣。

“放手去试，总能找到一种方法将传统与现代有效结合。”杨井表示，“我坚信所有的试错都是为了迎接最后的成功，所以在创新之路上我百折不挠，永不气馁，这是我的创业感悟，也是我的人生信条。”

杨井产生了一个大胆的想法：保留瓦缸原有外形，将内部炭火加热改为环绕形的电子发热管。通过一次次实验，终于研发出了“电瓦缸”，既解决了炭火加热慢、火候难以掌握的弊端，又节省能源，更实现了环保、干净的操作目标。

如果说成功是偶然的，但它又分明饱含必然之因。在不断的塑造中，杨井慢慢看到自己的内心，犹如那口缸一样，坚定如磐石。

扬缸：但有进兮不有止

从一口缸里觅得财富、提炼人生，对于杨井来说，它远远不止物质上的获取，更多的是精神上的一种获得。

“一个人的成功不叫成功，能帮助更多需要帮助的人，那才叫真正的成功。”一直以来，杨井都把自己的创业、人生与这句话紧紧结合在一起。“当你塑造好你的一口缸之后，你希望这口缸可以传递出一些有意义的东西，希望一些人能够接收到。”

“古人说，独乐乐不如众乐乐。我说，独创乐，不如众创乐。”杨井开怀大笑。2009 年，杨井成立了绍兴万润餐饮投资管理有限公司，开始走上餐饮加盟连锁的道路。从第一个加盟商开始，杨传老厨在短短的一年间就遍地开花，给热爱创业的初啼者送去福音，至今，杨传老厨在全国已有 1 300 多家加盟店。

山鸡椒和牛奶根，这是杨井家乡——安徽怀远的两样药材特产，有了这两味中药材的加入，瓦缸里烹制的美食添了浓郁的山野气息，营养滋补。节物食新忆故乡，由于山鸡椒和牛奶根这两样药材产量很少，为了满足供应，杨井鼓励老家乡亲种植中草药，他还在老家建立了专门的原材料供应基地，为许多老乡提供就业岗位，带动当地乡亲发家致富。让乡亲们得益，杨井觉得自己的这口缸开始“缸磬有声”。

饮水思源，心存感恩。正是在绍兴文理学院的一条美食街上，杨井开启了杨传老厨的传奇。第一批食客是文理学子，年轻人吃得津津有味，口口相传，挤爆了一间 20 平方米的小店，授予了杨井“瓦缸大王”的桂冠，也让杨传老厨声名鹊起。

成功之后，杨井没有忘记这个给予他源头活水的学生群体，为了帮扶家庭贫困而有心加盟创业的大学生，杨井不仅提供免费培训，减免 5 000 元加盟费，终生不收取每年 3 600 元的管理费，每年来绍兴万润餐饮投资管理有限公司培训的大学生就在 40 名左右。不仅如此，对于军嫂、残疾人群体，加盟创业杨传老厨，杨井也给予格外的帮扶与关怀。

而今，杨井已得绍兴滋养，成了一名新晋的青年越商。“我很欣赏古越大地的胆剑精神，这也是绍兴人文精神的所在：一方面，刚毅硬气、百折不挠，有着‘三千越甲可吞吴’的英雄气概；另一方面，韬光养晦，以屈求伸，等待时机，以图东山再起。这种精神，给予我很多的滋养与启发，我将把它植入我的缸中，以期更好的未来。”杨井表示。

大道弥坚，履而后宽，永不服输、百折不挠的奋斗精神，注定会让杨井以及那口缸的传奇，更加明媚璀璨。

（采写：孙良）

绍兴万润餐饮管理有限公司简介：

绍兴万润餐饮管理有限公司是一家集研发、策划、推广为一体的综合性餐饮公司，现为绍兴市越南研究会副会长单位、浙江中小餐饮行业协会会员单位、绍兴柯桥安徽商会理事单位。旗下餐饮品牌“杨传老厨”目前已有直营及加盟店铺 1 300 多家，门店范围辐射山西、河南、海南、东北等地，贯穿大江南北，市场发展迅速，展现出了传统中式餐饮小吃特有的风范，为实现中餐标准化及创建绿色健康、美味养生的餐饮模式做了突出贡献。

杨传老厨于 2012 年被评为“浙江市场消费者最满意特色餐饮”，2018 年被中国企业信用论坛评为“2018 中国影响力发展潜力品牌”，同年荣获第 13 届亚洲品牌盛典“亚洲名优品牌奖”。曾先后被中央电视台《乡约》《中视会客厅》《绿色时空》、北京卫视《暖暖的味道》、浙江卫视《江南美食》、吉林卫视《成功》、河北卫视《天下故事会》《创业人生》、中国教育一套《今非昔比》《享誉中华》、青海卫视《我的创业故事》、杭州电视台《杭儿风栏目》、浙江经视《新闻一分钟》、老外探店《新发现》美食栏目、山西卫视、山西经视《创业直通车》、浙江卫视《今日科技》栏目、新浪、搜狐、腾讯、《半岛都市报》《天天商报》等百家大型媒体争先报道。其创始人杨井先后被《世纪人物》《品牌》《创新时代》杂志作为封面人物，成了草根创业者的模范和榜样。

杨传老厨依托独家秘制工艺、现场瓦缸煨制技术，成就了汤在现代饮食文化中的重要地位。其使命是打造全国以瓦缸、瓦罐为特色，以美味养生为目标的传统汤文化“小门店、大连锁”企业，始终致力于打造中国传统瓦缸品牌。

陈乃伟：诚信为“根”一件事做一辈子

越商名片：陈乃伟，绍兴儒林生物科技有限公司总经理。

越商寄语：企业家精神就是诚信。首先立信誉，其次卖产品。要想在市场中立足必须诚实守信，只有用诚意对待消费者，产品才能获得肯定与支持，这是作为一名越商行走市场所不可缺少的品质。

绍兴儒林生物科技有限公司于2012年9月注册成立，经过短短6年多的时间，公司已取得发明专利授权2个，同时拥有绍兴市高新技术企业、市农业龙头企业等荣誉。“没有信用无以立足。”从默默无闻到如今年销6 000万元，离不开总经理陈乃伟信用至上、真诚对待消费者的经营理念。

保持初心，怀诚心立足市场

2011年，在云南经商的陈乃伟在机缘巧合之下，听到了一个对他来说新鲜的词汇——食疗。“在现代社会，许多人长时间在电脑前工作，或被快节奏的生活‘拖’着走，高血糖、高血压、高血脂、高尿酸的‘四高’人群越来越多。”陈乃伟说，当时，以铁皮石斛为原料制作的保健食品引起了自己浓厚的兴趣。

“铁皮石斛其茎可入药，属补益药中的补阴药，益胃生津，滋阴清热。”不需要药物治疗，而是通过进补食品来调理身体，甚至预防、治疗一些身体疾病，“一定有很多人需要”。在其中看到商机的陈乃伟与合伙人商量后，回到绍兴创办了企业，着手研究具有提高免疫力抗肿瘤、解酒护肝等疗养身体功效的产品。

陈乃伟说，对于保健食品，许多人总会对它有无实际功效、是否具有副作用等问题持有疑虑。“我母亲的肠胃一直不太好，在使用一款石斛保健食品后，身体状况得到了很好的改善。”母亲的试用成功打消了陈乃伟的疑虑，而看着母亲摆脱身体不适变得健康，他也暗下决心，要为更多被病痛困扰的人们带去健康。

创业之初，陈乃伟是一张“白纸”。“但我的个性是无论做什么事，都一定要彻底弄个明白。”凭着一股子韧劲儿，陈乃伟买来专业书籍研读，到浙江农林大学找专家“拜师”学技术，从石斛的生长习性、适宜的环境一点点学起，不懂的地方就反复琢磨直到学通。如今，反而是高校的专家们时常会带上学员，前来向陈乃伟“取经”。

坚守诚信，用诚恳待消费者

陈乃伟的石斛，长得“丑”。但就是这些“丑石斛”，却吸引了许多大牌客户主动上门采购。

在位于绍兴市越城区吼山风景区旁的铁皮石斛有机种植基地里，陈乃伟的石斛“歪歪斜斜”地长着，田地间作物的密度也不甚高。“我们攻克了石斛的自发芽技术，而在基地中的石斛都是天然自由生长，长得‘丑’正是原生态的体现。”面对疑问，陈乃伟笑着道出了“丑石斛”畅销的“玄机”。

陈乃伟的种植基地里采用人工捉虫，用物理诱杀代替农药，而且有着严格的采收标准。“经过研究，我发现每年 12 月到次年 3 月左右是铁皮石斛的最佳采收季。”陈乃伟说，铁皮石斛一年四季都可采收，但是在达标之外的其他时间，自己拒绝一切上门的采购商。

“出价再高也不卖，不达标的铁皮石斛卖出去，既对不起自己的良心，也是对消费者的不负责任。”凭着这份坚持，陈乃伟的“丑石斛”反成了一张“金名片”，采收季到来时每每供不应求。

在如今企业蒸蒸日上的佳境背后，陈乃伟有着心酸和遗憾。

创业前期，为了与其他铁皮石斛“大咖”企业差异化竞争，陈乃伟决定攻关无任何添加的铁皮石斛纯片。花了三年时间，在实验室中获得成功后，欣喜的陈乃伟购进设备准备投入生产，但问题接踵而至。“无论实际如何调整加工，生产出来的产品还是会有微量添加成分。”陈乃伟无奈地说。

怎么办？陈乃伟咬咬牙，将价值上百万元的设备全部停产。“我自己走了弯路，必须由自己买单，绝不能拿名不符实的产品去糊弄消费者。”如今，陈乃伟的企业秉持着“首先卖信誉，其次卖产品”的理念，“生产产品、销售健康”，研制出了一款又一款保健食品，并通过将产品与曲奇饼干融合等方式，取代传统的片剂、胶囊，得到了许多消费者的认可与“点赞”。

对于用而有效的消费者，陈乃伟还邀请他们制作了反馈视频，记录下使用产品的情况，并在征得同意后公开，让更多的人能够看到。“只有自己对自己的产品有信心，才能让消费者们放心。”陈乃伟说。

言出则行，以诚意回馈社会

“一群人，一件事，一辈子。”奋斗在健康事业的“一线”，陈乃伟把这句话当作企业的宗旨。而陈乃伟的梦想，是实现“人类健康梦”。对此，企业的产品主要针对社会上人数众多的“四高”人群，致力于为他们提供“量身定制”的食疗方案。

此外，陈乃伟还积极献出一份爱心，通过免费提供食疗尝试、资助等方式，帮助生活有困难的病患群体。“看着他们能够恢复健康，就是我最大的幸福。”陈乃伟说，现在企业还建立起“斛尔健幸福小镇”，将从病痛中恢复健康的人们的经历和笑容收录其中，在对健康的追求与对幸福的向往中继续前行。

承担社会责任，是陈乃伟特别乐意做的事情。在四川马边，陈乃伟得知有一块野生的铁皮石斛产区后，便与当地达成合作意向，通过建立石斛种植基地的方式，带动当地居民增收致富。

“第一次过去的时候险情不断，现在想起来还印象深刻。”陈乃伟说，第一次去马边考察时，在崎岖的山路上坐了6个小时车，还多次遇到落石等惊险的意外。“当时还有同行的人打起‘退堂鼓’，说再也不想来了。”陈乃伟笑着说，虽然交通不便，但是许下的承诺自己一定要践行，而且在考察期间，当地居民的真诚和认真也打动了他。

“授人鱼，不如授人渔。”陈乃伟说，下一步通过网络平台，可以让采购商直接与种植户线上交流交易，并能够实时了解物流情况，在让买家体验更为便捷、放心的服务同时，也能够精准对接种植户，为他们打开销路进一步增收。

（采写：阮帅）

绍兴儒林生物科技有限公司简介：

儒林生物成立于2012年9月，2016年成为上海懿林生物科技股份有限公司全资子公司，是一家以战略性新兴产业——生物技术为依托，坚持解决社会问题的产品研发导向，以成为百年健康企业为愿景，以健康食品、保健品、中成药研发为主的国家高新企业，公司坚持“用良心做健康，用品质立市场，用诚信赢口碑”的经营理念立足市场。

公司引进美国西太平洋研究所的关锋博士及海外先进生物技术创新团队，在国内多所高校合作建立研究中心作为公司技术支持。

公司已经获得十几项自主知识产权，企业被认定为国家高新技术企业、浙江省科技型企业、绍兴市重点农业龙头企业、绍兴市级研发中心等。2015

年企业于上海股权交易中心成功挂牌，股权代码208707。

公司在绍兴吼山、四川马边等地自建铁皮石斛有机种植科研示范基地和原生态种植示范基地，严格执行“三不三坚持”原则：不使用工业化肥，不使用化学农药，不使用生长素膨大剂；坚持用有机肥，坚持人工捉虫、物理诱杀，坚持原生态自然生长。经绍兴市食品药品检测中心权威认证，儒林生物种植的铁皮石斛多糖含量高达到52.7%，高于国家药典标准2倍多。

儒林生物以铁皮石斛为企业依托，逐渐形成了产业化发展，目前上市的产品有斛尔健®牌铁皮石斛鲜条、干条、干花、枫斗、精粉，以及药食同源片——斛尔健®牌本草益绛片，其采用食品级原材料，通过食疗治未病的原理，来调理欲病或轻度疾病，其临床效果显著，特别是对高血压、高血糖、高血脂、高尿酸等内分泌疾病来说，是一种福音。

张亮：传承绍兴美食 打响文化品牌

越商名片：张亮，寻宝记餐饮管理有限公司创始人，浙江省餐饮行业协会副会长，浙江省浙菜文化研究会执行秘书长。

越商寄语：企业家精神是知行合一。致良知，以良知而行，乃天道；坚持初心与文化自信。

张亮是一个土生土长的绍兴人，他从最初的商超代理、咖啡馆、面馆到随时代潮流，流行什么菜就做什么菜，再到寻根绍兴美食，带领“寻宝记”成为独具绍兴特色的餐馆。现如今，在阳明心学致良知、越王勾践“十年生聚、十年教训”卧薪尝胆精神激励下，立志要把传承发扬绍兴菜和越文化变成一生的事业。

以叶寻根，文化传承

文化传承需要脚踏实地，代代承接；需要有鲜活的思想和生命，寻根究底；探求本源是文化传承的一个重要点。寻宝记的创始人张亮就秉持初心，不断从绍兴历史的本源中寻觅文化并使文化传承成为一生的事业。

未踏进寻宝记的木质门槛，便会被门口穿着戏服的小生所吸引，他们迎你走进寻宝记，对你说“欢迎来寻宝记吃绍兴菜”，所以一段关于绍兴菜与文化根的故事就在这里娓娓道来。

在寻宝记之前，张亮是一个普通的供货商，从事超市的百货批发，做餐饮只是为了给自己的生计留条后路，但当对文化的寻觅开始在脑海中扎根生长，一切就变得绚烂而与往不同。

在交流过程中，张亮曾说：“绍兴菜是浙菜美食之根，为了不让绍兴菜变得边缘化，我们必须传承和弘扬，而餐饮就是开拓美食文化的窗口”。他决定做餐饮，做绍兴的餐饮，做文化的餐饮。

但是万事开头难，绍兴菜并不像川菜那样以辣感激起味蕾的响应，也不像粤菜以精致高端得到四面八方的认可，作为浙菜的分支菜系，在口味上并不出彩，若要有自己的独立声调，只有做出特色。为此张亮开始不计辛劳地奔走交流，做过很多无用功，吃过不少闭门羹，但并不放弃，他借鉴各地的菜系并进行改良，融合优点，调和众口，以最优配比酿造米酒，以严格的精致摆盘对待菜品，最终做出了清淡而不失鲜美、成为浙菜清流的绍兴菜。

作为一个绍兴人，张亮对绍兴菜有炽热而深沉的情感，同时，他也把这样的情感融入菜品中。“每一道菜都是一段寻宝记”，张亮想得最多的就是为他的顾客寻觅全国各地的美食，这也是寻宝记的由来，因此在每一个特色菜品的背后，都是张亮对绍兴美食之根的坚守。店内极具古韵的装修，餐具的外观与功能，菜品的味道与摆盘，均体现了他对文化的挖掘。

张亮说：“我从小就最爱母亲做的地道的绍兴菜”。耳濡目染下做绍兴菜成了他终生的事业。他为寻宝记里每一道特色菜都赋予神秘的典故，豆腐增添了西施的细腻，干菜蕴染了大文豪徐文长的逸闻。每一段关于佳肴的故事都让顾客在品尝美味的同时在心中巧妙地烙印下关于绍兴这座古城的绵长记忆。

从小面馆到独具绍兴特色的餐馆再到各美食 APP 中排行第一的位置，寻宝记逐渐成为绍兴餐饮业最具代表性的名片。

但随着寻宝记品牌的打响，同行竞争也开始对其发展构成压力。张亮深知每个行业都是有羊群效应的，一个企业做大，其他企业都会纷纷效仿，为了不被追赶，只能走在前头。所以他不断学习与尝试，也不断开发与创新，把心放置于传承绍兴文化上，把眼光发散到更广阔的定位。

他学习西方的美学，认为美食家同时是艺术家，既要有天马行空的思想，同时也要脚踏实地的坚持。绍三鲜要用蒸制方法保证其鲜味，霉干菜扣肉不能散，要颗颗聚拢，这是他对菜品的坚守；立足于绍兴人传统的饮食习惯，以主待客，让寻宝记充溢归家的温暖，这是他对顾客的坚守；以绍兴的美食珍宝为媒介把绍兴菜带到五湖四海，这是他对故乡的坚守；让游客对绍兴文化留下足迹的同时烙下记忆，这是他对文化的坚守。

在企业的发展中传承文化，从文化的传承中发展企业，这是张亮的智慧，也是寻宝记能历久弥新的原因。

根生本固，老木新芽

回顾张亮这 17 年经营寻宝记的历程，不难发现他在餐饮经营方面的探索步伐从来没有 停下过，从半俸菜理念到“五常管理＋智能化厨具”的管理模式，再到越剧文化宣传以及多种公益性活动的开展，寻宝记在餐饮行业里所扎之根愈加稳固的同时也不断开展创新，灌溉 寻宝记长出新的枝叶。

2006 年初，全新绿色消费理念的“半俸菜”走入了张亮的餐馆里，这是寻宝记这棵大树扎根的开始。张亮经过一定的市场调研后提出这一理念，即顾客可以选择点半份菜，以避免 食物的浪费。这一理念不仅彰显着勤俭节约的中华传统美德，也体现着张弛有度的哲学态度。半俸菜是节俭亦是环保，是真正在体味顾客的需求，因而十余年间“半俸菜”理念始终受到顾客的热捧。

2008 年，寻宝记实行了“五常管理＋智能化厨具”的管理模式，张亮又一次进行了开拓 创新，为餐饮管理方面递出了一张智能与便捷的名片。他们先是建成了国内首个废气零排放 的中式智能化厨房，次年又推出了“透明厨房”理念，没过几年再次推出“360°全透明的放心厨房”理念，张亮与寻宝记不断地进行着自我改良，数次升级后既改善了餐馆内厨房的工作环境，又让顾客在用餐时能够清晰地看到后厨的工作情况，做到了使顾客吃得放心。

除了不断创新管理模式，增添寻宝记的文化魅力，张亮还把越剧表演带到了餐馆之中，期望寻宝记这棵老树萌发出新的叶子，为消费者留下深刻的印象。

张亮说："对于绍兴来讲，最有名的是黄酒，然后便是越剧，这些历史文化都是绍兴的名片"，行至沈园饮茶可以听戏，栖坐于寻宝记小酌的同时也可感受地道的越剧表演，细细品味绍兴之美。虽然请戏班子的成本较大，但对张亮而言，让游客对绍兴留下深刻的印象才是更为重要的。顾客在水袖流转间与婉转的唱腔中用餐，更能体味绍兴的魅力，是真正的"看绍兴戏、品绍兴菜、喝绍兴酒"。

张亮不仅对内进行不断的改善升级，也紧抓对外宣传绍兴菜这一品牌。"爱绍兴，吃绍兴菜"活动已然开展了六期，这是一个旨在让更多人了解绍兴菜的公益性活动。每逢代表性传统节日，寻宝记都邀请对绍兴文化发展有贡献的各行业代表来品尝美食：中秋节邀请美团的外卖小哥及其家人；记者节邀请记者；元旦邀请外国留学生。尤其是像美团外卖小哥，他们每日奔波在送餐饮的路上，自己却很少有机会感受地道的绍兴菜，张亮表示借助这个活动，越来越多忙于奔波的人便可以暂时卸下包袱，抛掉忙碌和疲惫，静下心来了解绍兴菜，深入体味绍兴这座文化古城，虽然这对企业的宣传力量并不大，但在宣传绍兴菜方面却能做到聚沙成塔的效应，寻宝记带着绍兴的文化走出去，走向世界，那么也会有更多想要认知和了解绍兴的人走进来。

“过去我们想要去看世界，现在要世界来看我们。”这是张亮的理想，他让寻宝记以古色古香的文化形象，以古木新芽的创新形式，不断自我探索自我改革，为了在世界打响绍兴 菜这一品牌而不断奋斗。

阳明心学，灌树溉根

越文化思想春风化雨般浸润了张亮，越商精神里的经世致用与义利兼容，阳明心学中的 致良知，他早已铭记于心。一提及阳明心学，张亮便侃侃而谈，“无我利他，向善向上”，他始终秉持着经商要以人为本的理念，站在顾客的角度看问题，因而便有了“家里吃什么，店里便吃什么”的主张与“360°透明厨房”“裸烹运动”等理念，张亮相信日复一日对诚信、对良知的坚持，怀抱善意而经商，终究会赢得同样善意的回报。

“致良知，以良知而行，乃天道”，每隔几个月，张亮便会带领寻宝记的家人们一起去王阳明故居共同学习阳明心学，“阳明心学百日学习”活动已经坚持了四年。“心正才能多为别人考虑，反求诸己，格物致知”。在张亮的影响下，寻宝记的每一个工作人员都有一张随身携带的信条卡，他们谨记“品质为重，菜品是生命，服务是寿命，而我们自身也是产品，代表着品牌的核心竞争力”，谨记“勇于担当，工作中去掉私心，以良知去指引一切工作”，谨记“反求诸己，以身作则，行胜于言，修己方能正人”……学习阳明心学的企业不少，但能坚持的却不多，因而寻宝记的坚守才显得难能可贵。张亮说，坚持才更能长青。

对于王阳明的“格物致知”，张亮有自己的理解，他认为“阳明先生的格物致知是革自己”。在这理念的基础上张亮不断提升自我，他不拘于现时所得的成就，不断学习。

“知识是不断储备的过程，我喜欢读书”，热爱是其坚持学习的动力因素，于是“亮哥早读”由此衍生。原先亮哥只是与朋友分享交流自己的所学、所感、所悟，逐渐越来越多的人建议亮哥多多分享，共同交流，于是从发朋友圈开始，“亮哥早读”已经坚持了1 700多天，从未有过间断。他说：“21天养成一个习惯，刚开始也有想要放弃的念头，但是当自己分享时总会有与他人思想的碰撞。这是自我学习、自我进步、自我完善的过程。在我看来，我的早读并没有什么，更令我自豪的是我们的家书。”

家书是一种感染力极强的鲜活文本，是温柔的艺术。在古代，一张白纸，一方尺牍，一帧信札，叙不尽乡愁，而在电子产品层出不穷的现今，家书更是一种难能可贵的文化。

对于寻宝记而言，家书换了一种更便捷和严谨的方式，它成为寻宝记管理人员每日都要分享的工作记录，是对于寻宝记管理、服务、制度等等方面的看法与建议以及具体的工作实施计划。

张亮说：“家属群里的人无上下级关系，我们都是家人，处于同一平面，我们的心都正，我们的价值观都统一。”或许只有同道才能同谋，才能共同执手将一个企业带到更灿烂的未来吧。

至今为止寻宝记的家书已经有了2 000多封，字里行间体现着员工的成长，他们互相交 流把企业变得更好，互相鞭策把自己提升到更高，家书用质朴而真诚的语言见证寻宝记17年来的变迁，也传递着属于寻宝记的那份独特而永恒的正能量。家书是一个团队的坚持和守候，从一开始写家书的不适应到后来的不写家书不适应，家书已然成了每个寻宝记家人生命的一部分，奔腾在寻宝记精神的血液里。

正是在阳明心学的熏陶下，在各类知识不断的学习下，张亮由最初经商时单纯想要赚钱的个人需求，转化为传播与扩大一个文化品牌的使命，“作为一个绍兴人，我觉得应该为这座有着2 500年历史的古城做点什么，美食和方言便是一个城市最有利的窗口”，打响绍兴菜，传播绍兴菜文化终成为他追寻毕生的事业。

（采写：章卓琰　赵铭瑜　江田婷　傅晨曼）

寻宝记餐饮管理有限公司简介：

■ CCTV2 财经频道推荐品牌

■ 湖南卫视《天天向上》推荐品牌

■ 浙江特色餐饮名店

■ 绍兴菜特色餐馆

■ 十佳绍兴菜特色餐饮企业

■ 浙江省餐饮行业协会副会长单位

■ 绍兴市餐饮业和烹饪协会副会长单位

寻宝记是一家致力于绍兴文化和绍兴菜传承与发展的连锁型餐饮企业，长期位列绍兴地区大众点评美食热门榜第一名，被誉为“绍兴美食名片”。

2002 年，寻宝记在古城绍兴老街仓桥直街创立了第一家“寻宝记餐厅”，因其独特的经营管理方式和绝妙的菜品口味，受到顾客的一致好评，现已成为绍兴人吃了 18 年的老馆子。

2006 年，寻宝记进行了品牌发展的初步探索，推出全新绿色消费理念的

“半俸菜”，受到顾客热捧。十余年间，寻宝记半俸菜不断拓展分店，并以菜品口味、性价比等优势，成为绍兴当地知名餐饮品牌。

2011年，寻宝记发起并开始“裸烹”，不使用非法添加剂，《钱江晚报》《绍兴晚报》等多家媒体进行了报道。寻宝记“裸烹”行动坚持至今，所有菜品均无味精、无鸡精、无非法添加剂。

2012年，寻宝记改革厨房模式，建立中国首个以放心为主题的餐厅，以360°全透明的放心厨房，向顾客真实展示各类食材，成为绍兴餐饮行业的标杆。时任绍兴市委书记张金如、副市长丁晓燕等领导相继亲临考察调研，并给予高度认可。

2018年，以绍兴文化为载体的寻宝记绍兴菜餐厅在鲁迅故里惊艳亮相，将“绍兴酒”“绍兴菜”和“绍兴戏”完美融合，让绍兴文化的魅力得到了更好的呈现，受到了全国各地食客的点赞。

习主席说：“要坚定文化自信”。17年来，寻宝记一直以弘扬绍兴饮食文化为己任，致力于振兴和发扬绍兴菜。未来，寻宝记只专注于做绍兴菜，做最地道的绍兴菜、做最精品的绍兴菜，立志以绍兴菜和绍兴酒为载体，让更多的人通过寻宝记品尝绍兴美食，了解绍兴文化，让绍兴菜代表浙江饮食文化走向全国、走向世界。

曾险：三份“事业”创造价值

越商名片：曾险，新西兰利杰国际董事长，新西兰绍兴会馆馆长，新西兰绍兴同乡会创会会长，新中友好文化艺术交流中心主席，绍兴市侨商会常务副会长，绍兴市政协港澳台侨委会特邀委员，绍兴市归国华侨联合会副主席，浙江省侨界青年联合会常务副会长。

越商寄语：企业家精神是合作精神。秉承越商之志，共享发展机遇。

采访曾险，是一件颇有难度的事。

2019年初，曾险从新西兰回绍兴，报到越城区两会，随后又马不停蹄参加绍兴市两会，准备发言，采访就在大会的空当中进行。

从10多年前的一场辞行开始，到扎根新西兰，心系中国、绍兴，曾险的历程，可谓充满了励志、情怀与精彩。如果说生命的长度有限，那追索生命的宽度一定无限，这是曾险身上最亮的闪光点。

相比于业已打拼下的小有成就的商业版图，而今的曾险似乎更醉心于另外一番“事业”：将自己化身为穿梭在中国与新西兰之间的一只信鸽，在两国之间架起一道道密切的联系，把中国文化、绍兴文化源源不断地衔往新西兰，成为名副其实的文化使者。

有形的价值固然重要，但创造无形的价值，更是可贵，曾险笑言自己的这番“事业”，如是说。

坚韧：一名海外学子的励志求索

认识曾险的人都说，他走过的路，充满了励志。

2003年，19岁的曾险从浙江越秀外国语学院英语专业毕业，怀揣梦想告别父母，独自踏上一片完全陌生的土地——新西兰。国外留学并不如想象中轻松自由，语言关、文化关、环境关……关关如隘，虽然有国内打下的语言基础，但到了国外，还是需要“淬炼真金”。这种“淬炼”成了曾险励志发奋的动力，曾险也一道道给自己施压：三年的时光里曾险不是在学校的图书馆里，就是穿梭在各处打工的西餐厅里，虽然到处碰壁，但是时刻提醒他的是唯有不断地努力,因为上天只会眷顾勤奋的你。

三年后,曾险顺利拿到新西兰梅西大学人力资源管理学士学位,以优异表现先后进入澳新四大银行之一的西太平洋银行和国际知名房地产综合服务公司哈考特置业(Harcourts)。进入哈考特置业的第一年,曾险这张东方面孔就成为当年全公司销售的"No. 1"。也因此,他有了自己的人生规划:组建一家房地产销售公司。

在新西兰要有自己的地产销售公司,法人必须拥有持牌人证,持牌人主要就是合法交易人。在哈考特置业的三年,正好成为曾险考取持牌人证的基本条件,也积累了大量工作经验。2010年,经过不懈努力,曾险正式创办新西兰利杰国际集团,这是当地唯一一家华人自办又是持牌人的房地产公司,主要业务涉及进出口商品贸易、房地产开发及交易。

在曾险的朋友圈,更多的是他的飞行记录。为了更好地拓展进出口贸易,曾险以绍兴为大本营成立进出口商品公司,开启新西兰、澳大利亚等地优质产品的国际贸易,忙碌到成为一名"空中飞人"。而在新西兰的房地产销售,也做得风生水起。

从一名普通的海外留学生,到颇有成就的年轻商人,曾险的励志求索,帮助他实现了事业上的成功。多年后,曾险回到绍兴,回到母校浙江越秀外国语学院,心生一念——想尽一己之力,帮助越秀学子去聆听和观摩外面世界。2017 年 5 月,曾险出资 100 万元在母校设立助学基金——新西兰利杰国际助学基金项目,用于资助品学兼优的学弟学妹出国访学或留学,帮助他们开阔视野,为抱有励志求索之心的年轻人提供一份机遇。

情怀：一名年轻游子的家长情节

有着"西方世界最后一片净土"美誉的新西兰，素以"绿色"著称。曾险居住的奥克兰，更是被称为"千帆之都"。水，是奥克兰最生动最丰富的元素，也是最能拨动曾险心弦的元素。

作为土生土长的绍兴人，在水乡、桥乡、酒乡、戏曲之乡、名士之乡文化的熏陶下，曾险从小就对家乡有着特别浓重的感情。涉水而过来到新西兰，从一片水域抵达另一片水域，曾险觉得，水不仅是流动的还是灵通的，水可以将故土的人故土的情怀汇聚激荡起来。

在新西兰几年，年轻的曾险很是念旧，他说，那是一种情怀，在异国他乡的时候会特别深刻。2012 年 12 月，在绍兴市委、市政府及市侨联的倡议推动下，新西兰绍兴同乡会在奥克兰成立，参与筹备的曾险荣幸当选为同乡会会长。曾险表示，对那些在海外打拼多年的华侨来说，同乡会就是故乡的缩影，会让人感觉到故乡仿佛近在咫尺，大家说着家乡话、聊着家乡事、品着家乡菜，就有了家的感觉。

兴致好的时候，曾险还会邀请朋友们在奥克兰一起小酌绍兴"女儿红"，唤起大家对家乡的记忆。酒入肺腑，曾险这一年轻游子，也浮生了当大家长的情怀。

有了同乡会的集聚作用，曾险与在新绍兴华侨和留学生的交往密切起来，他说，在新西兰有许多优秀的绍兴老乡，涉及农工商所有领域。"有绍兴来的留学生获得了奥克兰大学的荣誉学士学位，有老乡在新西兰开办会计师事务所，更有成为国际宠物专家的绍兴人……”说起这些，曾险有着作为绍兴人的骄傲。在曾险的积极组织和推动下，这些绍兴老乡，像溪流一样涓涓汇聚，融汇到同乡会这一片汪洋大海之中。

在曾险的牵线搭桥下，2014 年 7 月，绍兴与新西兰的陶波市结为姐妹城市，两座城市之间的经济文化交流就此展开，绍兴文化在新西兰的传播，更是迅速推进。

这也是商人曾险津津乐道的第二份“事业”。

境界：让世界听到中国文化的声音

“我们的新西兰绍兴会馆太受欢迎了，迄今已举办了上百场有关中国文化的展览。”在新西兰奥克兰市中心，有一座 1 500 平方米的新西兰绍兴会馆，由曾险个人出资在 2015 年建成，这里成了曾险第三份“事业”的主阵地。

2013 年，曾险带着绍兴莲花落赴新西兰演出，这是绍兴莲花落第一次走出国门，更是中国曲艺界在国外演出的第一个地方曲种。第一场演出时，连当时的新西兰总理都前来观看。曾险说，虽然旅居国外多年，但文化的根始终在中国，当时，不少华侨华人都是含着热泪吟唱那熟悉的旋律。

曾险是一位越剧戏迷，在他的心目中，越剧咏叹性的表达方式其实跟歌剧有相通之处，是传递感情的一种美丽语言，也是国际友人能够接受越剧的一个原因。曾险不仅促成了明星版《梁祝》唱响在新西兰的舞台上，自 2016 年开始，更是每年都带队参加在绍兴举办的全球越剧戏迷嘉年华，加深海外与绍兴的戏剧交流。

要说中国的文化艺术哪一项在国外最有名，书法当之无愧。2015年5月，绍兴文理学院与新西兰奥克兰大学挂牌成立“兰亭书法学堂”，这是中国高校在海外成立的首个书法课堂，受欢迎程度可谓座无虚席。而彼时的新西兰绍兴会馆，作为新西兰兰亭书法培训基地，绍兴文理学院每隔三个月便派遣老师学生在会馆为奥克兰大学学生以外的爱好书法的当地市民进行免费培训。

2017年10月，《兰亭的故事》首次走出国门，在绍兴会馆向新西兰人民讲述独特的绍兴故事，吸引了许多新西兰年轻人对中国文化、绍兴城市的向往。

“君自故乡来，应知故乡事。来日绮窗前，寒梅著花未？”曾险，或许只是许多海外越商的一个缩影，他们满怀对家乡的深情，成为家乡与海外经济、文化交流的桥梁和纽带，默默地奉献着有形无形的价值。

（采写：孙良）

新西兰利杰国际有限公司简介：

新西兰利杰国际（NEW ZEALAND LJ INTERNATIONAL LIMITED）作为投资置业安居一站式服务专家，在新西兰、澳大利亚、中国均设有办事处，同时联合其在新西兰、澳大利亚、中国和美国的合作伙伴，业务涵盖商务考察、物业、金融服务咨询及投资、酒业进出口等。

利杰国际致力于开发具有优质品牌的房地产产品，并提供相关的专业服务。为新西兰居民提供便利的同时，也为海外投资者提供发展机会和战略支持。公司把开发奥克兰市区和近郊的精品房地产项目作为企业发展策略，致力于开发适合中国人生活习惯的高品质、高回报的房产。

利杰国际的专业团队会协助您完成投资在新西兰房产活动中的所有环

节，我们的团队包括资深的签证专家、投资专家、会计师、律师、估价师、银行贷款经理等等。这些专家可以协助您办理签证事务、房产购买、银行信贷等整个投资过程中的手续，真正从最大限度上保证了投资者的利益，满足房产投资者的所有需求。利杰国际旗下的新西兰环亚置业为新西兰房地产协会认证的持牌房产公司。

利杰集团提供全方位服务，助您轻松建立自己的房产投资组合：

● 财务能力评估——为衡量投资房产的能力，我们将对您的财务状况进行评估并就投资数额、地点、时间及投资的阶段周期安排提出建议。我们会根据您的财务状况确定您的需求和目标，并且做成适合您的投资计划，通过利杰集团的投资体系，您将会清楚地看到这些需求和目标是如何实现的。

● 房地产投资组合复查——我们会定期对您的房地产投资组合进行复查。如果利杰集团得到很优惠的报价或其他优惠机遇，公司将会及时通知您以便您据此建立自己的投资组合。

● 持续的培训和支持——我们将定期举办付费和免费研讨会。作为利杰集团的尊贵客户，您将可以免费参加公司所有的研讨会。如果您在房产购买或其他投资方面有任何疑问，只需拨打我们的热线电话，即可获得专业顾问的帮助。

● 最新房产市场信息——作为利杰集团的尊贵客户，您将及时获取市场最新新闻、近期市场走势、特殊机遇、项目发售邀请等。

裘全红：十余年精益求精只为一份“良心餐”

越商名片：裘全红，绍兴市一禾餐饮管理有限公司董事长。

越商寄语：企业家精神是一种良心和道德。餐饮就是良心与道德之事业。

“餐饮乃良心与道德之事业。”自2007年创立绍兴市一禾餐饮管理有限公司至今，越商裘全红一直以诚信为根本，以创新为驱动，勇担社会责任，倾尽全力为消费者提供“良心餐”。

经过十余年的产业链布局，眼下一禾餐饮已成为一家集种养殖基地、食堂托管、大宗食材配送、中央厨房团餐、早餐门店等服务于一体，正逐步迈入“餐饮＋互联网”模式的现代化餐饮企业。

“民以食为天。”近日，裘全红一边整理桌上的文件，一边笑着说道，“作为一家餐饮企业，我们的目标是将餐饮服务做深、做细、做精，用匠心铸匠品，给消费者提供更好的服务。”

诚信：全力保障食品安全

食品安全是公司生存的保障线。秉持这一理念，裘全红在食品安全上一直精益求精。在日常运营中，一禾餐饮一直严格实施五常法管理，引进HACCP关键控制点等标准化管理手段和方法，还有专职从事食品安全的专业人员进行管理与监督，每天保障4万份团餐，成了本行业标准的制订与引领者。

在面积达3 000平方米、单餐能力20 000份的一禾餐饮中央厨房，工人们都头戴隔离帽、身穿消毒衣。凭借着先进的智能化流水线，洗菜、蒸饭、炒菜、洗碗等环节都实现了自动或半自动化操作，犹如一个精密的标准化车间。

“我们每个环节都有视频监控，并且和市食品安全监控系统联网。”裘全红表示，一禾餐饮建有快检室与留样室，每天、每批次都会开展自查。“如果生产的简餐无法保障卫生安全，我心里就感觉不踏实。”

坚持只追求合理的利润。裘全红常说,用两年换取一年的利润,用规模求得更多的利益,这样才会做长。

据悉,自2007年运营以来,一禾餐饮从未发生过食品安全事故,有长期业务来往的50多家学校机关单位的满意度一直在85%以上。并且,被评为全国学校食堂先进单位,获得了省级学校食堂餐饮服务食品安全示范单位称号。

通过坚持做"良心菜",一禾餐饮还先后获得G20杭州峰会供餐保障单位、省放心消费示范餐饮单位、省A级"守合同重信用"企业、市三厨管理十佳餐饮企业等荣誉,吸引了浙江电视台《卫生监督在线》栏目前来采访,2017年,裘全红个人也获得了省餐饮业金鼎杯风云人物。

创新:深耕餐饮+互联网模式

在诚信立本的基础上,裘全红也一直紧跟时代潮流,不断吸收科技手段来为消费者提供更快捷、方便的使用体验。早在2011年,一禾餐饮就成立了专属网络平台"越淘网",随后又开发了"食安云"APP,专注于打造食材安全追溯系统。

对于裘全红这个布局,很多人觉得没有必要。因为通过自建蔬菜基地、仓储配送中心、食品检测中心及物流配送车队,一禾餐饮早就实现了从田间到餐桌的线下经营生态链。而餐饮+互联网是个新生事物,摸着石头过河必定耗时又费钱。

但裘全红觉得餐饮企业只有能主动把控各个环节食品安全,获得消费者信任,才能收获更大的发展。"当然,我也是慎重考虑过才做出的决定。"她说,由于产业链较长,大宗食材采购常遇到原材料把控难、追溯难等困境。而互联网恰好可以简化产业链环节，形成可追溯的供应链体系。

据介绍，在“食安云”APP 中，大宗食材采购被简化为采购、配送、追溯三个环节。食材一旦进入采购环节，就能拥有一张特有的“身份证”，此后每次转手都会被记录。“检查人员只需点一点，就能在 APP 查询食材的生产单位、运输单位等信息。”裘全红说，通过 APP，采购单位还能选择信誉好的供应商进行线上下单。

事实证明，裘全红的选择没有错。凭借“食安云”，一禾餐饮的食材更具安全性。而通过公共共享，“食安云”还帮助其他采购单位实现了食材追溯机制。2018 年，大宗食材每天服务 10 万人次，“食安云”上的食材销售额达 3 000 多万元，还被评为了浙江省电商创新发展试点项目。

责任：承接民生工程

企业发展不忘回馈社会。2018 年，绍兴市将早餐工程列入市政府十大民生工程。“其实业内人都知道，相比街边早餐摊，早餐门店的成本会比较高，后期回本比较困难，且现代人宁愿少拿工资，也不愿起早。但我认为企业发展离不开消费者，为消费者提供放心早餐是我们的责任。”裘全红说。

2018 年，一禾餐饮打造了 15 家“统一形象、统一装饰、统一采购、统一生产、统一配送与统一价格及管理”的早餐门店。眼下，这批名为“早点客”的门店已让绍兴越城区、柯桥区和上虞区的广大市民享受起了明厨亮灶的早餐服务。

为进一步方便市民，裘全红还计划在“早点客”内建设智能餐柜。“今后市民可以在手机下单早餐,然后在上班途中去智能餐柜取货,既快速又健康。”裘全红说,针对没有时间下单的市民,智能餐柜还会推出指定套餐,手机支付就能领走。

其实,这并不是裘全红第一次“亏本赚吆喝”。在2016年,她就耗资上百万元在绍兴一个乡镇流转了一块土地,用于打造现代化种养殖基地。在近两年的时间里,只有投入,没有产出。但凭借心中那份社会责任感,裘全红坚持了下来。眼下,该基地已初具规模,被评为了绍兴市级菜篮子工程,国家无公害蔬菜基地。通过自行开发的ERP系统,基地还实现了可溯源的品质保证,成了一禾餐饮抢占市场份额的金字招牌。

砥砺奋进十余年,一禾餐饮已成为浙江餐饮业金鼎杯最具影响力餐饮品牌,但裘全红却未停下脚步。“餐饮行业没有最好,只有更好。”她说,民以食为天,餐饮行业也需弘扬工匠精神,只有不断地提升自身水平,才能实现可持续发展,成为消费者心目中的放心品牌。

(采写:金燕翔)

绍兴市一禾餐饮管理有限公司简介:

公司成立于2007年,一直从事本地区学校与机关单位食堂托管与管理服务,及集体用餐配送与农产品服务,形成了从种养殖基地、大宗食材采购、中央厨房(集体用餐)、团餐服务、门店连锁及互联网+餐饮模式,是G20杭州峰会供餐保障单位。

公司总经营管理面积10万多平方米,其中总部营业场所8 000平方米,拥有十多年以上专业餐饮与食品管理经验,现有员工800余名,具有中式烹调高级技师2名，高级营养师2名，高级烹饪师、面点师等各类专业技术人员100多名，并通过ISO22000/HACCP食品安全管理体系认证、ISO9001质量管理体系认证、OHSAS18001职业健康安全管理体系认证和ISO14001环境管理体系认证。先后获得浙江餐饮业金鼎杯最具影响力餐饮品牌、省放心消费示范餐饮单位、浙江省A级“守合同重信用”企业、绍兴市消费者信得过单位、市三厨管理十佳餐饮企业、市政府2018年早餐民生工程实施单位，获得AAA级信用等级企业，浙江电视台《卫生监督在线》栏目给予了推荐报道。

公司秉承严谨、高效的管理理念，开拓创新的专业精神，诚信合作的经营理念，长期管理着40多家学校机关单位食堂，每天为40 000多消费者提供餐饮服务，及10万人的大宗食材配送，托管方就餐者满意度一直保持在85%以上。有15家食堂获得食品量化分级考核A级资质，托管的新昌中学食堂获得全国学校食堂先进单位，昌安实验学校、越州中学、新昌中学、新昌城关中学4家食堂获得省级学校食堂餐饮服务食品安全示范单位。

2015年公司投资建成了3 000多平方米的一禾中央厨房，设备主要采用日本米饭生产线、德国的自动分装包装流水线、我国台湾的自动洗菜机和切割脱皮机及消毒流水线，在生产区车间及储藏库均采取360°全程监控和实时管理，自建快检室与留样室，严把餐具消毒等重要环节。建立和完善了“统一采购、统一加工、统一配送和标准化生产制作的集成式供餐模式”，以及原材料生产基地和采购基地，全过程监控和追溯的食材食品供应链。

2018年公司承建绍兴市政府十大民生工程——早餐工程，通过“政府倡导、企业承建”的方式，实施“统一形象、统一装饰、统一采购、统一生产、统一配送与统一价格及管理”模式，以“早点客”为品牌，分别在越城区、柯桥区与上虞区承建落地了18家门店。

公司以“餐饮乃良心与道德之事业”为座右铭，用专业的心做专业的事，制订团餐标准，并坚持“以人为本”理念，加快用互联网改造传统餐饮业，推出了食品安全追溯、“互联网＋中央厨房”、“互联网＋食材配送”等新颖模式经营，被列入2018～2020年浙江省电商创新发展重点试点项目。

程磊：从“平凡”到“非凡”用科技打造5G智慧生活圈

越商名片：程磊，浙江非凡传媒科技有限公司、浙江零壹智能科技有限公司董事长。

越商寄语：企业家精神就是锐意进取。日思日睿、笃志笃行。

颠覆传统思维：做5G智慧社区领跑者

5G展在奥体中心举行，5G奇妙新世界让大家十足过了一把瘾，“数领绍兴，5G先行”。这是一个大数据的时代，程磊和他的“非凡”战队，已然为此做好了准备。

“非凡”公司研发出了APP停车应用软件“喜鹊停车”。通过手机、平板电脑等移动客户端将“喜鹊停车”APP或微信公众号与车牌绑定，软件会帮助车主智能寻找周边最便捷，且价位优惠的停车位，然后导航过去停车，为车主提供无需取卡、快速通行、自动扣费放行、信息及时推送、充值消费、返利记录轻松查询等服务的应用。随着停车场现代化、智能化发展，APP将增加共享车位资源、预订车位、轻松反向寻车，从而构建智慧交通城市。

“有一次我去绍兴的某停车场，他们和我说，停车场一年没赚多少钱，但是人工费用支出却要很多。还有一天晚上，我开车回家，因为太迟，小区保安在岗亭睡着了，我等了很久。这两件事，让我想到，能不能做一个停车系统，可以减少不必要的人力浪费，也让大家的出行更便捷。”程磊开始了他的设想：研发出一个无人值守的系统，用科技的力量给生活带来便捷。“喜鹊停车”这个系统对物业而言，机器换人，节约成本，也不用花钱找人维修。

解决了停车的问题，程磊和他的团队进一步深耕社区，为业主带来“安全感和幸福感”，人脸识别门禁系统开始安装于各个小区，利用大数据和人脸识别云计算技术，在小区大门、楼道、梯控等关键位置安装最先进的人脸识别门禁设备，业主无需带卡即可方便进出，还可以在手机APP上收到语音提醒和开门红包，凭红包到指定商家消费可以享受优惠和免费。小区业主非常喜欢这个新玩法，有了“喜鹊云社区”APP，小区业主与业主、业主与物业的互动沟通变多了，邻里关系更和谐了，程磊觉得做这件事情很有意义，“5G 物联网技术的加持，给了我们更多的想象空间，对建设更智慧的社区，我们很有信心！”

“研发确实会有很多困难，投入大量的资金，但是产品做不出来，或者做出来没有达到预期的效果，这样的事经常会发生。”程磊说，融入互联网，让产品科技化，困难肯定一个攻下来，又来一个，但方法总比困难多。正是这种迎难而上的精神，5G 时代来临，程磊已提前布局好：2019 年，最大的事就是推广智慧停车和智慧社区。

颠覆传统广告：智慧化助力新型媒体

这样敢于早早颠覆传统的“为人所未为”的作为，非凡一直在做。程磊 1982 年出生在安徽宣城，大学时代，他学的就是传媒专业，这些年他一直与之为伴。来绍兴 15 年，开了三次公司才开起来。“刚来绍兴人生地不熟，第一年开了几个月公司就关了。于是抓紧去外面工作，赚了钱再来开公司。第二年又开，又关。2006 年，才真正把公司开起来。”关于过去的经历，程磊并不想多说，他说自己是个健忘的人，总是记着开心的时光，而遗忘那些令人痛苦或者不快的经历。

屡败屡战方能制胜。政府公开拍卖户外广告位，尤其是公共自行车亭灯箱广告项目的运营，让非凡传媒在业界声名鹊起。他们将高价竞得的、很多同行都不看好的广告媒体经营得风生水起，并建立起良好的客户口碑。

程磊的公司经营得风生水起，但他依然有着足够的忧患意识。不甘于故步自封的他仍然在不断寻找新的突破口，壹媒介停车系统道闸广告成了程磊和他的非凡传媒非常关键的一个转折点。

“传统的东西都是需要技术上的转型，原来的广告投放已经遇到了瓶颈，很难想象未来。”程磊抢先抓住了机会转型。面对跟随者的模仿与竞争，程磊表现得非常坦然与淡定：“我们很尊重一起致力于行业发展和推动科技进步的伙伴，但是我们必须时刻努力，不敢懈怠，只有不断创新才可能成为领跑者，才有可能创造价值”。

颠覆传统经营：免费赠送设备

户外广告的效果首先取决于投放基数，而投放基数则受到广告平台数量的左右。非凡广告发展所要突破的首要瓶颈，就是如何让更多的设备安装落地。

如何转型？如何抢占市场？2014 年，程磊做出了一个大胆的做法：免费赠送安防设备，道闸、停车管理系统、人行通门禁、门禁管理系统全部免费赠送。

这一决定，让很多人匪夷所思。一个小区的设备和管理系统动辄耗费几十万元，即便最便宜的也需几万元，加上不菲的维修费用与保养费用，对于物业公司而言，实在是个大数目。

最初，程磊计划投入 300 套设备，因为投入太大，很多人并不看好。可是，这只是程磊的第一步。他不仅送设备，还成立专门的维修队伍,对道闸进行维修。

那段时间,程磊做得最多的一件事就是跑社区、跑各个有停车场的大楼。“和他们谈,不断找人谈,有些直接拒绝了我的方案,他们觉得我免费送不太现实,我不仅送,还和他们说设备保修五年,他们觉得我脑子有问题。”程磊笑了。

程磊坦言,传统广告牌想要转型势在必行,他看中的就是道闸上的广告位。他免费投放设备,免费维修的最终目的就是为了上面的广告位。因为有了超值的售后服务,物业和小区业主反响很好,推广得很快,现在累计送出的设备超过了 2 000 多套。

其实,对于非凡传媒而言,道闸安装落地意味着他们有了广告发布的资源;对于物业而言,节省了购置设备与维修保养的费用;对于业主而言,也不必支付高额的维修基金。目前,越来越多的商业中心与小区物业主动找到非凡传媒,寻求合作,良性循环的商业共进令人欣喜。

经济目标不是程磊的最初目标,大力在绍兴尽早铺开智慧社区才是他的目标版图,让喜鹊停车解决让出行焦头烂额的停车难问题,让喜鹊云社区给老百姓的生活带来安全与便捷……其实远远不止这些,在非凡的科技研发中,更多的科技产品不日即可上线,他们还有更多的前瞻研发在做。5G 智慧社区生活圈,这些成熟的科技智慧社区产品,让程磊成为 5G 智慧社区关键人物,拥抱 5G,非凡传媒已经准备好了。

(采写:朱银燕)

绍兴市非凡传媒科技有限公司简介:

非凡传媒成立于2006年,由传统广告公司成功转型为一家利用大数据云计算及移动互联网技术,为客户提供全生态整合营销方案的科技型传媒公司。

非凡传媒专注于智慧社区的研发、建设和推广。智能停车移动互联网平台服务于广大车主和停车场管理方,集合人、车、网等行业资源;人脸识别门禁系统带给用户安全感、幸福感和体验感;以支付作为入口,聚焦“人·车·生活”,扩展企业价值,创造社会价值,专注于为客户提供新颖高效的社区终端营销服务。

公司自主研发的多项专利设备使智慧社区系统与广告媒体完美融合,大幅提高智能设备的质感和广告媒体的美感,致力于成为全新商业广告模式行业标准领导者、打造全新的广告媒体网络,为客户提供更高价值的广告媒体。

非凡传媒拥有一支创新意识强、软硬件技术强、互联网营销经验丰富、高效领先的专业队伍,致力于持续创造价值,成为具有品牌影响力的媒体服务平台。非凡传媒打通了C端—B端—G端的用户资源,做好线上线下的整合运营,布局线上新媒体矩阵,强化用户黏性和丰富内容,线下深入社区和商业中心推广活动落地。

非凡传媒是绍兴市物业协会理事单位,浙江省广告协会会员单位、浙江省创意设计协会理事单位,被主管部门认定为绍兴市重点服务业企业。公司被认定为“重合同守信用单位”“浙江省知名商号”“浙江省科技型中小企业”“国家级高新技术企业”。

阮木：把梦想织进“网”里

越商名片：阮木，浙江兴业建设项目管理有限公司董事长，浙江筑脸网络科技有限公司创始人，中国注册造价工程师，高级工程师，中国建材市场协会副理事长。

越商寄语：事之难易，不在大小，务在知时。一路走来不易，一旦下定决心要做一件事情，就一定要把它做好。

整整四年，阮木一直坚守在他逐梦建筑互联网的路上。“本次大会和展览投入了400多万元，有300个展位，只能成功不能失败。”说这话时，阮木的声音略显疲惫。边上的驾驶员解释，阮总凌晨两三点刚从北京回来，顾不上休息就来公司上班了。

这段时间，阮木都在筹备10月26日至28日在中国轻纺城国际会展中心举办2018首届中国建筑产业“互联网+”大会暨中国建筑与建材新技术与新产品博览会，但是他的招商并不顺利，心情未免有些着急。

道路阻且长，唯有逆流而上。碰壁，对这位47岁开始转战互联网的中年男子来说并非首次。他说，人生总得有所坚守，下定决心了就要把一件事做好。

坚守二字，是几代越商不变的信念与品质，这也在阮木身上体现得淋漓尽致。陶渊明采菊东篱只为坚守心里的宁静，王维独坐幽篁里只为坚守怀中的朴素，而阮木深耕建筑网，则是坚守心中那份最初的梦想。

依然是兴业建设公司的会客厅，依然是一杯清茶，与一个逐梦的故事。

触网：打破传统赋予新生命

“相比传统模式，‘互联网+建筑’就像一座桥梁，将有供需关系的双方联系在一起，实现精准对接。”这是阮木对建筑网最形象的比喻。

2010年起，互联网大潮奔涌而来，受大环境的熏陶，阮木对互联网产生了浓厚的兴趣。“在这个日新月异的时代，传统产业不进行转型必然会被淘汰。"阮木觉得，传统建筑业迎来前所未有的挑战，转型，是大势所趋，也是行业本身打造核心竞争力的要求。

在合肥工作的时候，阮木萌生了一个想法：是不是可以通过网络开展项目咨询服务，这样速度又快，大家又不用两头跑。

彼时的阮木在实体建筑行业已经做得风生水起。2003年，他成立了浙江兴业建设项目管理有限公司，把只有一个人的公司扩展到30多人，拥有建设部批准的甲级招标代理资质和甲级造价咨询资质，还在合肥、黄山、厦门、宁波、温州、义乌等地开设了多家分支机构。

他想投身互联网的想法，很快就被友人否定。

"阮木，你在传统行业已经做得不错了，安安稳稳地生活不行吗?"阮木说，这是很多朋友当年对他说的话，他们觉得互联网更新太快，大浪淘沙，转型互联网风险太大。但是阮木却执意"触网"："我的眼前有一张网，让我欲罢不能。"

2012年5月，阮木正式启动了建筑网建设。"我在绍兴做了兴业在线咨询的原始创意后发现，这个互联网真的很难，我不懂。我只能反复学习，买书，上网查资料，线下找老师交流。"阮木说，那时候遇到最大的困难就是找到的人也许懂建筑但是不懂互联网，或是懂互联网却不懂建筑。

困难一词，在阮木心中一直是那么的微不足道。1992年，他刚大学毕业时就进行自主创业。"第一个项目是2 500平方米的建筑工程，但是我刚毕业一年，设计、施工等都要我自己去摸索，经验不足。"那一年，钢材水泥等材料价格上涨，阮木没有赚到钱。

那时，连续两次创业都以失败告终，是他心中的信念让他坚持下来。年轻时无惧失败，这都将是人生的宝贵财富。

就这样，阮木开始将自己的创意付诸实践，将脑中的网渐渐变成现实。2014 年，建筑网初具雏形。

织网：不惧艰险织就新希望

"我在全国各地找人才，最后找到广州一家公司，我立马买了张机票飞广州和他们交流，让他们把我的创意开发出来。我的网站是做好了，可相当于买了汽车却不会开。是的，我不懂怎么去运行网站。"刚开始的几年，阮木在网站上投入了 200 多万元资金，因不懂网站运行，自己却陷入了进退两难的地步。

"因为运行不起来，我当初也给自己想过两条路，一是放弃，二是坚持。"毫无疑问，阮木选择的是后者。为此，阮木积极地去外面交流学习，了解互联网商业模式，还和雷军、马化腾等大咖交流心得。阮木说，通过学习交流，自己搞互联网的激情又来了。他深刻意识到，互联网除了技术，最重要的是创意。

阮木把自己的实体公司实行股份制改革，让自己的员工打理，而他则一心一意"织网"。

幸运的是，家人对他的选择也十分支持。阮木说过自己和妻子之间的一件趣事，他花了 15 万元去听课，但是怕妻子心疼钱，告诉她只花了 1.5 万元。有一次在和朋友吃饭的时候不小心说漏了嘴，妻子知道后并没有怪他，而是告诉他，既然去学习了，那么就一定要好好学。这么多年，他一直感谢妻子在背后默默地支持。

经过一番努力，阮木组建起了40多人的团队，建筑网与筑脸APP已正式上线运营，涵盖众包服务、电子招投标服务等内容。

“从传统建筑行业跨入自己陌生的领域，这需要的不仅仅是资金、魄力，更多的还是那份坚守。”这是阮木的好友，浙江越秀外国语学院网络传播学院院长何海翔对他的评价。何海翔说，投身互联网的前几年，阮木经常去他办公室请教APP的页面该如何设置，传统行业和互联网又该如何紧密对接，有时候一聊就是几个小时。

于阮木而言，他眼前的这张网，亟需新的内容和活力来扩充。

张网："中年得子"，书写新篇章

在成型的基础上，如何张“网”，让它更加枝繁叶茂，是阮木研究的重要课题。这些年，阮木去北京、上海、广州、重庆请人推广、运行网站，一年坐20多次飞机，每天工作16个小时，为的就是打开这张“网”。

鉴湖论道就是阮木张“网”的一部分。为紧跟国家“互联网+”行动计划，把互联网经济与实体经济结合起来，助力企业插上互联网的翅膀，也为建筑业企业提供更好的服务，2015年至今，阮木已经举办了三届鉴湖论道，这开创了互联网时代建筑服务的新模式。而今年的博览会，更是在原先论坛的基础上进行的一次大胆的尝试。

筑脸网副总经理梁锋对此次的博览会记忆颇深。“阮总每天自己跑上海和北京去和客户谈招商，在绍兴他就一家家公司跑，跑去谈合作。”梁锋说，在和一家涂料厂谈合作时，人家对阮木的展位抱以观望的态度，阮木不肯放弃，上门谈了四五次，终于谈成。在和一家铝材公司谈合作时亦是如此，阮木不断上门讲解，赢得了合作的商机。在下属眼中，他们的这位董事长敢拼敢闯，永不言弃。

2016年，阮木的建筑网更名为筑脸网。从建筑网到筑脸网，虽一字之差，却是一次不小的飞跃。"我要在我的平台上发布即时招投标信息、建品会、微筑、移动微营销及找项目、租机械、供服务、人才招聘等内容。且要在技术上抢占建筑建材技术制高点，努力打造中国建筑建材硅谷。"阮木说，筑脸网的内容更新更全，这也是在原有建筑网的基础上进行的一次改良。目前，阮木的网站开通了336个城市站，覆盖全国。

阮木对筑脸网特别珍惜并加以呵护，他说这是他"中年得子"，一定要做到极致。

一有空，阮木喜欢看罗振宇的《罗辑思维》，喜欢听他谈互联网的那些事。同时，他也爱喝茶。"遇到困难喜欢自己一个人静静，坐下来喝杯茶好好思考。"他望着眼前氤氲的绿茶说，茶如人生，或浓或淡，能知沉浮，方能继续坚守梦想再出发。

（采写：朱银燕）

浙江筑脸网络科技有限公司简介：

浙江筑脸网络科技有限公司是一家入驻绍兴市高新技术创业服务中心(科创大厦)的高新技术企业。公司以网络技术为核心，提供建筑全产业链服务平台——筑脸网，为建筑行业上下游企业提供整个产业链及专业服务，是一个建筑建材移动互联网电子商务平台，也是中小建筑与建材企业互联网解决方案平台服务商。公司通过筑脸网络平台把建筑行业的人(企业)、信息(产品)、服务连接起来,实现电脑PC端、移动APP端、微信公众号(含手机网)三端合一。平台围绕筑脸天下、筑脸汇、筑脸共享等提供筑脸、筑脸宝、筑脸采采、筑脸造价、筑脸优选、筑脸招聘、筑脸会展、筑脸头条等服务。用户可在平台上发布采购、招投标、劳务、机械、供求等及时信息;帮助用户实现找人脉,找项目,找资源,共创互赢。

平台在2015年开始推广以来,在绍兴、杭州、上海、合肥、宁波等地多次举办鉴湖论道——建筑产业“互联网+”创新论坛,2018年升级为首届中国建筑产业“互联网+”大会,在整个行业里具有很大的影响力和知名度。

王金金：沉工艺秉初心　敢闯拼勇创新

越商名片：王金金，浙江圣塔绍兴酒有限公司总经理，国家一级品酒师，绍兴市十大新锐越商。

越商寄语：以人为本不忘“源流”，是我坚守岗位的初心与努力；不懈创新勇于拼搏，是我作为一名“黄酒人”必须肩负的责任与担当。

“传统黄酒搭配上时尚元素，不仅口味好，也能在朋友圈上‘秀’，受到了许多年轻人的喜爱。”近日，在位于绍兴市越城区的圣塔绍兴酒有限公司，当记者见到总经理王金金的时候，这位年轻的企业家便兴冲冲地向记者展示一小坛包装精致的香雪酒，眼中满是自豪。“3 年来，企业总销售额增长接近过去 30 年所积累的销售额，其中多数贡献都来自新产品。”

从懵懂的小伙子到如今能“文”能“武”的青年企业家，王金金始终坚持创新，他把时尚带入了绍兴黄酒这一传统产业中，怀揣着自己的梦想和抱负，立志让绍兴黄酒走得更高更远。

从“零”起步，迎难而上

2008 年王金金大学毕业，可他并不想直接进入父亲的黄酒企业工作。“当时年轻气盛，就想着要靠自己的力量打拼出一片天地。”王金金笑着告诉记者，虽然已经考上了公务员，但当时黄酒行业受到冲击，看着父亲起早贪黑奔波的背影，自己最终选择接过这一份担子。

经过近两年时间的打“小工”，王金金从助理开始熟悉业务，并考取了国家二级品酒师等行业资格证书。2010 年，王金金正式被任命为总经理，一个“创二代”的奋斗故事就此起步。

没想到的是，刚上任的他就遇到了难题。“当时整个酒行业受市场影响而大受冲击，传统市场的业务和订单越来越少。”王金金说，父亲和老一辈的员工们在传统市场中打拼多年，不善开拓新兴、年轻市场，而且他们习惯用方言交流，和外省客商沟通存在困难，公司的未来受到严峻的考验。王金金普通话说得棒，年轻又有主见，最终，开拓新市场的重任就落到了他的肩上。

要在新的市场中占据一席之地，谈何容易。“当时出差成了家常便饭，去外地市场学习经常一去好几天。”王金金告诉记者，去外地“取经”时，为了能够获取一手的信息，当地小卖部、商场都成了自己“蹲点”的地方。顾客上门喜欢取哪里的酒品，客人的口味如何，对包装又有什么讲究……这些都被王金金一一“写”进了脑中。

在长期调研的过程中，王金金不仅了解了当地人对酒的喜好，就连他们对菜品的口味也熟知了。“黄酒是餐桌上常见的饮品，了解当地市场对菜品口味的喜好，对我们改进黄酒的品质有很不错的帮助。”王金金说。

褪去骄躁，沉心工艺

学到了经验，王金金认识到产品要在新的市场中受欢迎，必须对传统一成不变的绍兴黄酒进行创新和改进，而首先需要改良的，就是黄酒的口味。“受众偏好什么样的口味，是酸一点的还是甜一点的，对酒精的浓度又有什么讲究，这些都是要考虑进去的因素。”王金金说。

“传统的绍兴黄酒有一定的酸味和涩味，我就想着怎么将这两种味道‘压’下去。”王金金笑着说，自己一开始觉得年轻人不喜欢这种酸涩味，就想通过调酒等方式去除，可是不管怎么努力，成品要么酸涩依旧，要么少了一份黄酒的正宗口感。

屡试屡败后，苦恼之中的王金金向自己的师傅——绍兴黄酒酿制工艺非遗传承人陈宝良请教，而大师的一个指点，就让这位年轻小伙开了窍。“师傅告诉我，不如反过来去思考，不是减少黄酒的酸涩，而是增加其中的甜度。”王金金说，自己当时恍然醒悟，黄酒中的酸涩味来自原料中的营养物质，如果硬是将其减量，成品也不再是地道的绍兴黄酒。自己过于追求创新，急切中忘记了探寻酒艺中的原理和内在。之后，通过加入适量的甜酒，王金金成功制出了酸涩稍弱而甜味略胜的新酒产品。

“从这件事中我学到了一点，那就是酿酒与做人一般，都要讲究一个‘道’，创新固然是好，也须顺其自然究其根本。”王金金除了在酿酒工艺上创新，还勇当“第一个吃螃蟹的人”。

当时酒坛制造商受到酒市场低迷影响，许多处于困境之中，而王金金反而从中看到了商机，他成了绍兴第一个去宜兴大量采购酒坛的人。顶着风险，最终和供应商取得“双赢”。

经过观察，王金金发现在外地市场中，有些酒品虽然摆在货柜的不起眼处，但顾客仍然愿意弯下腰去选购，他分析其中除了品牌，精美的酒坛外观也是重要的因素。原本滞销的酒坛由他采购回来后，通过精心包装，再注入符合当地人口味的酒“心”，公司的黄酒成了“爆款”，受到了顾客们的喜爱，也为王金金赢得了丰厚的回报。

勇于创新，不懈进取

如今，王金金还帮助员工摆脱陈旧观念，共同投身产品创新，企业里的老员工都在他的带动下摇身变成“创客”，王金金也吸纳了一批“90后”，为产品创新注入新鲜血液。

“我们企业作为典型的传统行业代表，必须转变固有思路，拥抱新的时代变化，让产品也能够满足人们的新需求。”王金金是越城区科协委员，他在科创方面肯投入，引入智能制造装备，让黄酒产品变得“高大上”起来。

近三年来，公司共新增专利 33 项，其中“铁皮石斛黄酒”获得了国家发明专利。王金金还积极与高校开展合作，目前已和多家高校达成了战略合作协议，并在高校中支持优秀学生创业，为创业者提供创业平台和资金等多种支持。

王金金重视品牌创新，带领团队开发出以“绍”牌商标为核心的系列产品，获得了市场的认可，“绍”牌也因此接连获评“绍兴名牌”“绍兴市著名商标”“浙江省著名商标”“浙江名牌”等。

有了响当当的品牌，王金金把创新的目光投向更远处，开始探索黄酒产业跨界融合。在团队的共同努力下，公司先后推出了黄酒小笼包、即食霉干菜、小包装笋干和臭豆腐等周边产品，外包装结合时尚元素，口味和外观还能“个性化定制”，满足不同群体的需求和爱好。

最近，公司还起草了全国酿造料酒行业标准，这意味着王金金带领着企业在转型升级的道路上更进一步。王金金说，作为一名青年企业家，一定要勇于创新，坚持做差异化的产品，才能打响自己的品牌和影响力。下一步，王金金还决定采用 OAO 的形式，线上线下同步售卖产品，让更多的人能品尝到“升级”后的绍兴黄酒。

（采写：阮帅）

陈颖：绍兴文创圈里的年轻声音

越商名片：陈颖，浙江伟丰文化体育有限公司总经理，绍兴八分色贸易有限公司总经理。

越商寄语：年轻人在前行的道路上，不能少了信心、创新和责任心。

有情怀，有态度，埋头干事，默默积累。

这是1987年出生的陈颖对越商群体的认知。结束学业后，他回到绍兴，与父亲陈晓华一起经营着自家的企业，从迈入印染行业，到转型文创产业，一步一回首，他也逐渐形成了自己的经营之道。“越商”这个词的分量，在他心里愈发“扎实”起来。

“老一辈越商踏实、肯干，他们经验丰富，稳扎稳打，是我们需要不断学习的榜样。但我们这一辈，也有自己的态度。”陈颖说，作为一名年轻的商人，他也给自己定下过目标——在传承父辈们奋斗精神的前提下，能够更果敢一些、更有新意一些、更负责任一些。他相信，只有这样，才能走得更远一些。

无惧——错了就错了，不行就再来

在绍兴市越城区人民东路1187号，坐落着一个建筑面积50 000余平方米的文化创意产业园，这就是“伟丰”。如今，这里时常举办一些以古玩、书画、茶道、花鱼为核心的交流交易活动，是民间文艺家和艺术爱好者们热衷的场所。但它的前身，其实是一家印染企业。

在陈颖的记忆里，从父亲那一辈打拼时算起，伟丰从事印染行业已经将近40年了，它最早是一个村办厂，转制后成为私人企业，后来也经历过搬迁和扩大，形成了一定的规模。

印染这个传统产业，在绍兴有很深的根基。但随着高质量发展的不断推进，印染产业所带来的环境衍生问题，不再被人们忽视。2014年年底，根据政策导向要求，伟丰关停了印染生产线，开始谋求转型路子。

发展的方向需要经历一个“急转弯”，前路未知且迷茫，但陈颖并不打算“畏手畏脚”。他相信，转型这条路，“没有想象中的难”。

“步子迈出去，坚定地去做一件事，可能过程会比较漫长，但总能看到收获在一点点积累。”搬空厂房之后的很长一段时间里，伟丰“闲置”了起来，但陈颖与父亲没有闲着，他们开始寻找新的领域。

挖掘绍兴的多层底蕴，探寻绍兴的资源优势，和许多“老越商”的故土情怀一样，陈颖决定把根扎在绍兴这片土地上，所以他一门心思钻进去，不断去找有绍兴优势的产业方向。一找就是两年。

“做文化吧。”他与父亲商量着，一方面，绍兴是一个拥有2 500多年历史的文化古城，文化资源十分丰富，文化氛围也比较浓厚，他相信，文化，是有长久生命力的，依托文化成长起来的企业，会有广阔的前景；另一方面，根据前期的调研与探寻，他发现绍兴众创、文创园区的数量不少，但主题大多不明晰，大部分以商圈形式为主，健身房、咖啡厅、餐馆没少见，但真正把文化做起来的实在是少，“我们要区别于他们，做一个属于绍兴的真正的文创园区。”

方向定下了。陈颖带着团队开始着手深入文创这个陌生的领域，他们联系古玩、茶艺专家，对接书画爱好者，推开了艺术品市场的大门，他们甚至主动迎接动漫、游戏等时下受热捧的新兴市场，做别人没有做过的东西，创下许多绍兴的“第一次”。“我们虽然从来没有从事过文创行业，但谁也不是一开始就对一个领域了如指掌的。我们做了四十年印染，也不能保证百分之百熟知这个行业。所以，既然认定了方向，就放手去做，错了就错了，不行就再来！”

创新——依托绍兴底蕴，做自己的文化夜市

年轻人，走得多看得多，想法自然也就多了。

陈颖去过北京，走进老舍茶馆，感受过茶馆里地道的京味儿。一顶四方桌，一个舞台，茶客们一手托着茶杯，时不时往嘴里送上一口，眼睛却始终盯着台上，听着藏在“说学逗唱”里的故事，冷不丁笑出几声来。“这里有吸引人静下来品味文化的魅力，绍兴也可以有，也需要有！”

他也常去杭州，在吴山夜市和河坊街走上一走，一地文化悠悠地就飘进了眼里。市井气里裹着人气，自带着难以抵抗的吸引力。“把文化做得这样接地气，绍兴也可以有！也需要有！”

所以，当陈颖跑遍全国十多个城市，走游北京、上海、深圳、杭州、江苏等地的文化特色集市后，他最终回到绍兴，梳理了可以挖掘的绍兴文化，开始计划在伟丰做出属于绍兴自己的茶馆和夜市。

“这是目前绍兴还没有的，也正是需要我们去做的。我们要把绍兴文化最精彩的一面呈现出来。”陈颖说道。

如今，规划已经逐渐成形。陈颖要做的绍兴茶馆，会保留许多绍兴的传统文化，无论是装修还是节目，都能让人留下难忘的绍兴记忆。“越剧、莲花落、绍剧等形式都可以搬上舞台，下面也是坐满茶客，大家可以一边喝茶，一边听戏。”陈颖说，打造一个舒

适的文化氛围，是茶馆运营的初衷与目的。

此外，一个绍兴气息浓厚的文化夜市也将逐渐在伟丰成型。“要把文化沉下去，不能高高在上，不能让老百姓觉得和自己没有关系。”陈颖认为，如果一个地方的文化与老百姓脱了节，那任何经营方式都只是小圈子里的游戏，无法形成健康的业态。所以，他希望伟丰将要打造出的这个文化夜市，是接地气又有新鲜感的。“走在夜市里，古玩、字画、戏曲面具，任何形式的文化产品都可能出现。根据我们的了解，绍兴有许多学习艺术的学生，在我们的夜市里，他们可以带着自己制作的工艺品，来申请一个摊位，然后从这里起步，向外界传递自己的创作理念和思想。”

一个全新的“文化舞台”，将在绍兴呈现。它能带来的影响与变化，值得期待。

担责——经营之外，我们还有很多需要做的事

在伟丰还是一家印染企业时，聘请的员工有 1600 多位，这其中，有很大一部分是外来务工人员，家境并不理想。

“想为这些员工做些什么。”陈颖与父亲很早达成了共识。

那时，他们每年都会去四川、贵州等地拜访员工比较聚集的村落，送上慰问品，也听听他们的需求。让陈颖印象深刻的是，在一些困难员工的家中，他真的可以一眼看到生活的艰辛。

“家徒四壁。”即使是多年后的现在，陈颖回忆起那些走村拜访的时光，仍感慨连连。在一位基层员工家里，砖上铺一块木板就是床，屋内没有桌子，年迈的老母亲知道领导来看望，想要请他们喝口水，但环顾四周，只能着急地搓着手，因为家里连一只多余

的碗都没有。

这些经历带给陈颖很多思考。“一个年轻人，对我们企业来说可能只是一名员工，但对他的家庭来说，却是顶梁柱。”而这样的年轻人，在社会上还有很多。

经营之外，企业能为这个社会、这些群体做些什么？这是一个关乎“责任感”的命题，而陈颖和伟丰一直在积极解题。

伟丰转型后，员工数量大大减少。但因为转做文创产业，企业将会面对的受众却又大大增加。“从文化的角度为老百姓做点什么吧。”陈颖有了这个想法。

那就让文化离大家更近一些。

伟丰藏品楼四楼，如今正在紧张布置着一个红色博物馆，里面收藏着400多件红色展品，包括搪瓷杯、大字报、旧书刊等老物件，有着一辈人的红色回忆。“2017年，我们计划做这个红色博物馆，因为这在绍兴还没有，而绍兴又需要一个传递红色基因的窗口。”陈颖说。于是，伟丰主动承担了这份责任，历时一年，陈颖带着自己的团队通过各种渠道收集资源，不久之后，这个红色博物馆即将面向大众开放，且不收取任何费用。

除了这个红色博物馆，在伟丰已有的展馆内，布置精心的书画长廊和作品展览会定期开展，而这些作品全都免费向市民开放。“除了经营外，我们认识到，企业需要为社会做的事情还有很多，而我们目前做的这些，只是很小的一部分，根本不值一提。”陈颖说道。

带着一颗责任心、一股创新的拼劲和一份不怕输的果敢，新一代越商青年陈颖正与自己的年轻团队寻找着一条专属于伟丰的发展道路。虽然前进的路上布满了十字路口，但他心中自有方向。

（采写：徐添城）

伟丰文化产业园简介：

伟丰文化产业园是以一家以“传统文化”为核心的大型文化产业园区，占地50亩，建筑面积51 000余平方米，为绍兴市首批“十大特色文化产业园区(街区)”之一。园区业态主要包括古玩、文玩、书画、茶艺、花鱼、红色收藏、文化艺术展览与培训等，容纳各类文化企业、机构300余家。

园区以“周周有集市，月月有活动”的思路，从无到有形成目前市区唯一的“周日古玩集市”，组织开展各类文化艺术活动已达50余场，特别是在2018年11月份承办了第二届绍兴国际友城大会友城摄影展，9月10月分别邀请到国内知名的收藏鉴赏专家蔡国声老师、黄鼎老师等到园区开展“丰园大讲堂”公益讲座和免费鉴宝活动，2019年4月组织举办了陕西卫视“华山论鉴”大型鉴宝海选活动及绍兴至今规模最大的全国性古玩艺术品交流会等。

园区自建的“红色馆(伟丰红色藏品展)”位于藏品楼四楼，是园区重点打造的红色文化宣扬基地。该馆由园区自行设计、建造，占地1 000余平方米，目前展出实物、图片共计677件，分“伟大的中国共产党诞生”“土地革命及二万五千里长征”“抗日战争”“解放战争”“社会主义建设初期”“改革开放和中国特色社会主义新时代”六个部分，集中展现自1921年中国共产党成立以来，党和人民在各重大历史时期内的奋斗经历、建设成就，具有很强的纪念、教育意义。

园区的古玩城已加入中华古玩城联盟、中国长三角古玩商会等组织，成为浙江省收藏协会实践基地，在业界已具有较高知名度。古玩城集聚了绍兴市区50%多的古玩商户，形成目前市区唯一的周日古玩艺术品集市，每年定期开展春秋两季全国性古玩艺术品交流会。同时园区还积极与国内各大文物商店、文物公司，各兄弟收藏家协会，长三角及国内各大古玩城、国内知名鉴宝栏目、拍卖公司等进行深度的交流、合作，以进一步丰富相关的交流活动，集聚更多的优质古玩艺术品商家入驻，打造在国内有品牌影响力的"绍兴古玩第一城"！

坚定文化自信，繁荣文化产业！园区将始终围绕"传统文化产业"的核心定位，走"文商旅"深度融合、创新发展之路，打造绍兴传统文化融合发展的新高地、新地标，为绍兴文化产业的进一步集聚发展、经济繁荣作出贡献！